왕초보도 기초부터 쉽게 시작하는

Cô 꼬수진과 함께
나의 첫번째 베트남어 수업

이수진 지음

북플레이트

**꼬수진과 함께
나의 첫번째 베트남어 수업**

초판 1쇄 발행 2025년 10월 16일
지은이 이수진
펴낸곳 (주)에스제이더블유인터내셔널
펴낸이 양홍걸 이시원

주소 서울시 영등포구 영신로166
구입 문의 02)2014-8151
고객센터 02)6409-0878

ISBN 979-11-7550-017-4 13730

이 책은 저작권법에 따라 보호받는 저작물이므로 무단복제와 무단전재를 금합니다.
이 책 내용의 전부 또는 일부를 이용하려면 반드시
저작권자와 (주)에스제이더블유인터내셔널의 서면 동의를 받아야 합니다.

머리말

먼저, 베트남어를 배우기 위해 이 책을 선택해 주셔서 진심으로 감사드립니다.

베트남은 한국과 매우 긴밀한 협력 관계를 맺고 있는 나라 중 하나입니다. 양국 간 경제, 문화, 교육 분야에서 활발한 교류가 이어지면서 베트남어에 대한 관심도 점차 커지고 있습니다. 저는 이러한 흐름 속에서, 베트남어를 처음 접하는 분들이 쉽고 체계적으로 학습할 수 있도록 이 책을 집필하게 되었습니다.

저 역시 베트남어를 처음 배울 때, 한 글자 한 글자 발음을 따라 하며 시행착오를 겪었고, 미숙한 표현으로 뜻하지 않은 오해를 받기도 했습니다. 이 책은 그러한 저의 경험을 바탕으로 여러분의 비슷한 어려움을 조금이나마 덜어드리고, 보다 효과적으로 학습할 수 있도록 구성했습니다.

이 책은 베트남어를 처음 배우는 분들을 위한 기초 입문서로, 알파벳과 발음부터 시작해 꼭 필요한 문법과 자주 쓰이는 표현을 차근차근 익힐 수 있도록 만들었습니다. 특히 실생활에서 바로 활용할 수 있는 대화문과 표현을 중심으로 담아 여행이나 일상에서도 유용하게 사용할 수 있습니다.

언어는 하루아침에 늘지 않지만, 포기하지 않고 꾸준히 이어 나간다면 반드시 성장할 수 있습니다. 이 책이 여러분의 베트남어 여정에 든든한 동반자가 되어 주기를 바랍니다. 작지만 알찬 이 책 한 권이, 여러분의 베트남어 공부에 힘이 되었으면 좋겠습니다.

함께 천천히, 그러나 꾸준히 나아가 봐요!

저자 이수진

이 책의 구성

학습 내용을 살펴봐요!

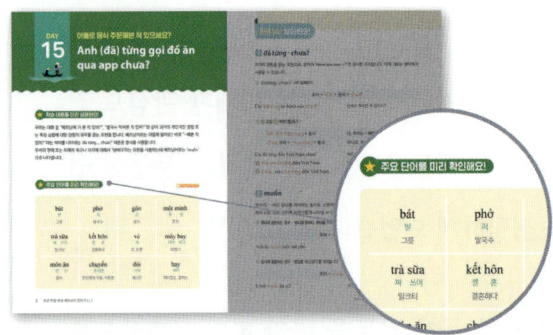

학습 내용 및 단어 파악하기

각 과마다 주요 학습 내용과 단어를 제시하여 학습 전 내용을 미리 파악하고, 꼭 알아야 하는 단어를 익힐 수 있습니다.

기본 개념을 학습해요!

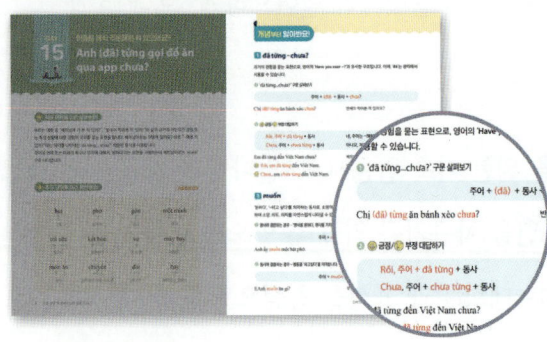

개념 알아보기

핵심 문형을 이해하기 쉽게 도식화하였으며 관련 예문을 제시하여 학습의 이해도를 높였습니다.

말문을 트여요!

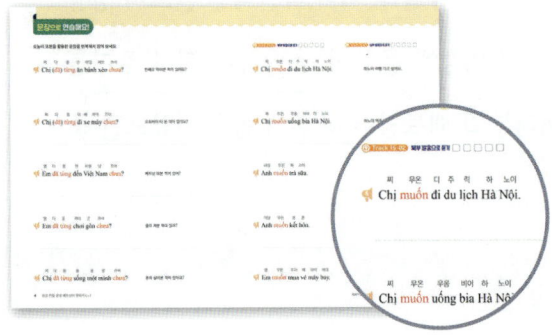

문장 연습하기

앞에서 배운 문형과 관련된 다양한 예문을 따라 말해 보며 베트남어를 자연스럽게 익힙니다. 원어민 음원 파일을 듣고 따라하면 더욱 효과적으로 학습할 수 있습니다.

실전처럼 말해봐요!

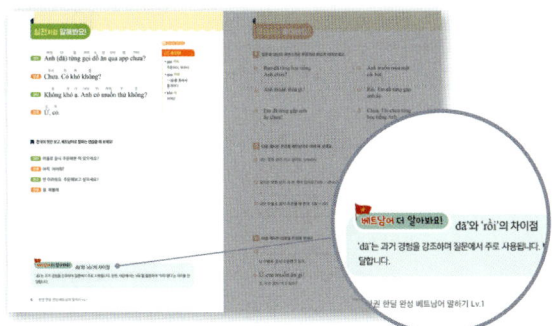

실전 회화 학습하기

일상 생활과 밀접한 주제로 구성된 대화문을 통해 보다 자연스러운 베트남어를 구사할 수 있습니다.

TIP 보충 설명이 필요한 내용을 TIP으로 간략하게 정리하였습니다.

복습하며 풀어봐요!

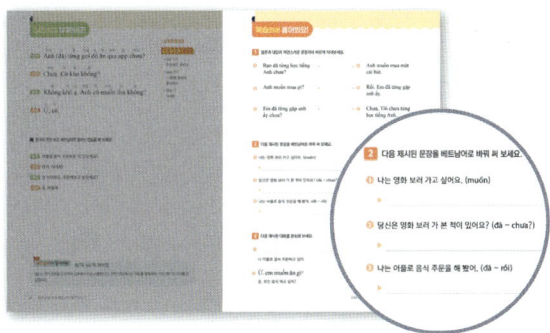

연습 문제 풀어보기

각 과마다 주요 학습 내용과 단어를 제시하여 학습 전 내용을 미리 파악하고, 꼭 알아야 하는 단어를 익힐 수 있습니다.

쓰면서 익혀요!

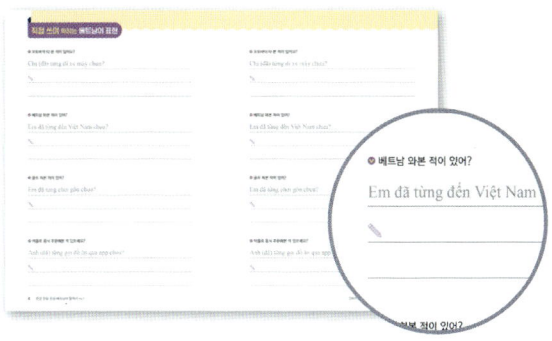

직접 쓰며 익히기

매 과에서 학습한 표현을 직접 손으로 쓰면서 연습할 수 있습니다.

★ 교재 내 모든 한국어 독음은 최대한 원어민 발음에 가깝게 표기하였습니다.

목차

- 머리말 — 03
- 이 책의 구성 — 04

기초 학습 01	문자와 발음	10
기초 학습 02	성조	16
기초 학습 03	호칭	18
기초 학습 04	숫자	20

BÀI 01   Chị là Hoa.   22
저는 Hoa예요.

BÀI 02   Anh xem ảnh này được không?   30
이 사진 좀 봐도 돼요?

BÀI 03   Em có thời gian không?   38
시간 있어요?

BÀI 04   Ai làm rơi thẻ ngân hàng vậy?   46
누가 카드 떨어뜨렸어요?

BÀI 05   Mai anh có bận không ạ?   54
내일 바쁘세요?

BÀI 06   Em ăn gì?   62
뭐 먹을래?

BÀI 07   Nhà của anh thế nào?   70
집은 어때요?

BÀI 08   Phòng này không rộng lắm.   78
이 방은 별로 넓지 않네.

| BÀI 09 | **Anh đang ở ngoài.** | 86 |
| | 나 밖이야. | |

| BÀI 10 | **Anh sẽ đi thành phố Hồ Chí Minh.** | 94 |
| | 호찌민시로 갈 거야. | |

| BÀI 11 | **Anh sẽ đi bơi hoặc đi đánh gôn.** | 102 |
| | 수영하러 가거나 골프 치러 갈 거야. | |

| BÀI 12 | **Bây giờ là 3 giờ 15 phút.** | 110 |
| | 지금은 3시 15분이에요. | |

| BÀI 13 | **Khi rảnh, em làm gì?** | 118 |
| | 한가할 때 뭐 해? | |

| BÀI 14 | **Em đã đặt nước chưa?** | 126 |
| | 생수 주문했어? | |

| BÀI 15 | **Anh (đã) từng gọi đồ ăn qua app chưa?** | 134 |
| | 어플로 음식 주문해 본 적 있으세요? | |

| BÀI 16 | **Vào kỳ nghỉ, em sẽ làm gì?** | 142 |
| | 휴가에 뭐 할 거야? | |

| BÀI 17 | **Có lẽ năm sau ạ.** | 150 |
| | 아마도 내년에요. | |

| BÀI 18 | **Em sẽ đi Hàn Quốc trong mấy ngày?** | 158 |
| | 며칠 동안 한국에 가? | |

BÀI 19	**Anh có thể ăn rau mùi không?**	166
	고수 먹을 수 있어요?	

BÀI 20	**Quán đấy ở đâu?**	174
	그 식당은 어디 있어?	

BÀI 21	**Cháu đi thẳng rồi rẽ trái.**	182
	직진하고 나서 좌회전하면 돼.	

BÀI 22	**Ở đối diện quán cà phê ABC ạ.**	190
	ABC 카페 맞은편에 있어요.	

BÀI 23	**Cái áo này bao nhiêu tiền?**	198
	이 옷은 얼마예요?	

BÀI 24	**Cho anh 3 bánh xèo.**	206
	반쌔오 3개 주세요.	

BÀI 25	**Máy in bị hỏng mà ạ.**	214
	프린터가 고장났잖아요.	

BÀI 26	**Hôm nay, anh đi làm bằng tắc-xi đúng không?**	222
	오늘 택시로 출근한 게 맞죠?	

BÀI 27	**Em phải đến sân bay đúng giờ nhé.**	230
	공항에 제시간에 도착해야 해.	

BÀI 28	**Anh thích mẫu này nhưng mà hơi nhỏ.**	238
	이 스타일이 마음에 드는데 조금 작네요.	

| **BÀI 29** | **Mời anh vào nhà.** | 246 |
| | 집 안으로 들어오세요. | |

| **BÀI 30** | **Sao hôm qua em nghỉ làm?** | 254 |
| | 왜 어제 휴무였어? | |

▪ 연습 문제 정답　　　　　　　　　　　　　　　　　　　　　262

🎧 원어민 MP3 듣는 방법

1. 시원스쿨 홈페이지(vietnam.siwonschool.com) 접속 및 로그인 →
   학습지원센터 → 공부 자료실 → 도서명 검색 후 무료 다운로드 받으시면 됩니다.

2. 스마트폰 카메라 또는 QR 코드 리더 어플을 설치하여,
   책 속의 QR 코드를 스캔하시면 됩니다.

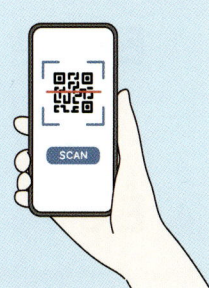

01 문자와 발음

1) 단모음 Nguyên âm đơn

단모음이란 글자가 하나인 모음으로, 'ă, â, ê, ô, ơ, ư'가 추가되는 대신 'w'를 제외한 총 12개의 모음으로 구성되어 있습니다. 이중에서 발음이 비슷한 'a'와 'ă' 그리고 'â'와 'ơ'를 발음할 때에는 장음, 단음에 유의하여 발음해야 합니다.

단모음 음원

문자	명칭	발음
A a	a 아	(길게) 아
Ă ă	á 아↗	(짧게) 아
Â â	ớ 어↗	(짧게) 어
E e	e 애	(입술을 가로로 길게) 애
Ê ê	ê 에	(입술을 세로로 길게 열고, 목구멍이 떨리게) 에

I i	i ngắn 이 응안↗	(길게) 이 *'응안(ngắn)'은 '짧은'이라는 뜻으로, 알파벳 자체의 모양이 짧다고 하여 붙여진 명칭입니다. 발음 시에는 길게 발음하는 것에 유의해야 합니다.
O o	o 어	(맑은 톤으로) 어 *실제 발음은 '어'이지만, '오'와 '어'의 중간 발음으로 들릴 수 있습니다.
Ô ô	ô 오	오
Ơ ơ	ơ 어	(길게) 어 *'ô'와 발음은 똑같으나, 발음의 길이가 다릅니다. 맑은 '어'보다는 목으로 소리 내어 조금 굵은 소리가 납니다.
U u	u 우	우
Ư ư	ư 으	으
Y y	y dài 이 자이↘	(짧고 강하게) 이 *'자이(dài)'는 '긴'이라는 뜻으로, 알파벳 자체의 모양이 길다고 하여 붙여진 명칭입니다. 발음 시에는 짧게 발음하는 것에 유의해야 합니다.

2) 복모음 Nguyên âm đôi / ba

복모음이란 모음이 두 개 이상 합쳐진 글자로, 각 단모음의 발음을 부드럽게 이어서 발음합니다.
단, 'ia', 'ua', 'ưa'의 경우 끝의 발음 'a'를 '아'가 아닌 '어'로 하도록 유의합니다.

문자	발음	문자	발음
AI ai	아이	AY ay	(짧게) 아이
AO ao	아오	AU au	아우
ÂU âu	(짧게) 어우	ÂY ây	(짧게) 어이
ƠI ơi	(길게) 어이	ÊU êu	에우
IA ia	이어*	UA ua	우어*
ƯA ưa	으어*	IÊ iê	이에
IÊU iêu	이에우	OA oa	어아 *발음하다 보면 '어와' 또는 '와'로 들릴 수 있으며, 이는 보다 자연스러운 느낌을 줍니다.
OĂ oă	(짧게) 어아 *발음하다 보면 '어와' 또는 '와'로 들릴 수 있으며, 이는 보다 자연스러운 느낌을 줍니다.	OI oi	어이
ÔI ôi	오이	UÂ uâ	우어
UÔ uô	우오	UÔI uôi	우오이
UI ui	(길게) 우이	UY uy	(짧게) 우이
UYÊ uyê	우이에	ƯƠ ươ	으어
ƯU ưu	으우	ƯƠI ươi	으어이

3) 단자음 Phụ âm đơn

단자음이란 글자가 하나인 자음으로, 'đ'가 추가되는 대신 'f, j, z'를 제외한 총 17개의 자음으로 구성되어 있습니다. 베트남어는 우리말 '가나다라…'의 '아' 발음을 모음 'ờ(어)'로 사용하며, 실제 발음법을 익히기 위해 듣기 파일을 듣고 따라하는 연습이 필요합니다.

문자	명칭	발음
B b	Bờ 버↘	ㅂ
C c	Cờ 꺼↘	첫자음: ㄲ 끝자음: ㄱ, ㅂ
D d	Dờ 저↘	ㅈ(z)
Đ đ	Đờ 더↘	ㄷ
G g	Gờ 거↘	ㄱ
H h	Hờ 허↘	ㅎ
K k	Ca 까	ㄲ
L l	Lờ 러↘	ㄹ
M m	Mờ 머↘	ㅁ

N n	Nờ 너↘	ㄴ
P p	Pờ 뻐↘	첫자음: ㅃ 끝자음: ㅂ
Q q	Cu 꾸 *'q'는 늘 모음 'u'와 결합하여 사용되므로 기본 자음을 'cu' 발음으로 읽습니다. 이외에도 'cui(꾸이)' 또는 'cuờ(꾸어)'로 읽을 수 있습니다.	꾸
R r	Rờ 저↘	ㅈ(z)
S s	Sờ 써↘	ㅆ
T t	Tờ 떠↘	첫자음: ㄸ 끝자음: ㄷ
V v	Vờ 버↘	ㅂ(v)
X x	Xờ 써↘	ㅆ

4) 복자음 Phụ âm đôi

복자음이란 자음이 두 개 이상 합쳐진 글자로, 자연스러운 발음을 익히기 위해 녹음 파일을 듣고 따라 하는 연습이 필요합니다. 더불어, 모음 뒤에 위치해 우리말의 받침과 같은 역할을 하는 끝자음 발음과 첫자음 발음이 다른 점을 유의하여 학습합니다.

문자	명칭	발음
CH ch	Chờ 쩌(처)↘	첫자음: ㅉ(ㅊ) 끝자음: 익
GH gh	Ghờ 거(ㅎ)↘	ㄱ
GI gi	Giờ 저↘	ㅈ(z)
KH kh	Khờ 커(ㅎ)↘	ㅋ
NG ng	Ngờ (응)어↘ *첫자음 'ng'는 보통 '응'으로 발음하는데, 이를 묵음으로 생각하고 소리 내었을 때 가장 자연스럽게 발음할 수 있습니다. 뒤에 오는 모음과 이어서 발음하는 것에 유의합니다.	첫자음: 응 끝자음: ㅇ, ㅁ
NGH ngh	Nghờ (응)어↘ *'ng'와 'ngh'는 발음이 동일합니다.	응
NH nh	Nhờ 녀↘	첫자음: 니 끝자음: 잉
PH ph	Phờ 퍼↘	ㅍ(f)
TH th	Thờ 터↘	ㅌ
TR tr	Trờ 쩌(처)↘	ㅉ(ㅊ)

02 성조

베트남어는 6개의 성조가 있으며, 철자가 같은 단어도 성조에 따라 그 의미가 달라집니다. 성조 기호는 모음의 위 혹은 아래에 붙여 줍니다.

성조 음원

	표기 및 성조 명칭		발음	예시
(없음)	Dấu ngang		꺾임이 없는 평상음으로, 높지도 낮지도 않은 중간 음의 소리	tôi 또이 나
ˊ	Dấu sắc		낮은 음에서 높은 음으로 끌어 올리며 내는 소리 *끝자음이 'c', 'ch', 't', 'p'인 경우 보다 짧게 발음합니다.	nói 너이 말하다
ˋ	Dấu huyền		중간 음에서 낮은 음으로 힘 없이 내리는 소리	mà 마 그러나

?	Dấu hỏi		낮은 음으로 내렸다가 마지막에 다시 중간 음으로 올리는 소리	phở 퍼 쌀국수
~	Dấu ngã		높은 음에서 한 번 짧게 끊었다가 다시 올리는 소리	mũ 무 모자
•	Dấu nặng		가장 낮은 음으로, 짧게 끊어 찍는 듯한 소리	học 헙 공부하다

기초학습 02 성조 17

03 호칭

베트남에서는 화자와 청자의 사회적 관계 또는 연령에 따라 호칭이 달라지며, 이를 적절히 사용하였을 때 상대에 대한 존중과 예의를 갖출 수 있습니다.

호칭 음원

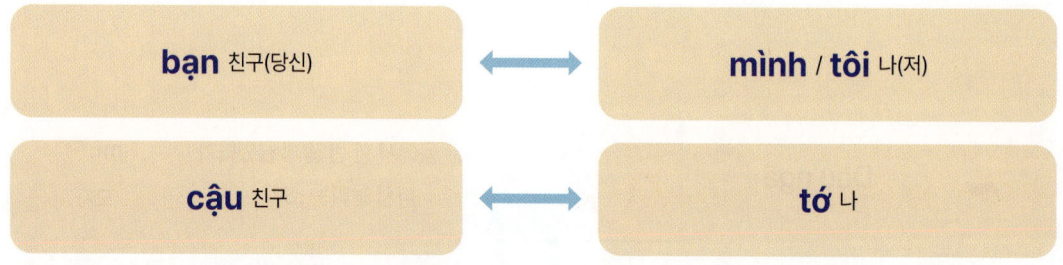

*'bạn - tôi'는 경우에 따라 공식적인 상황 또는 처음 보는 사람에게 사용할 수 있습니다.

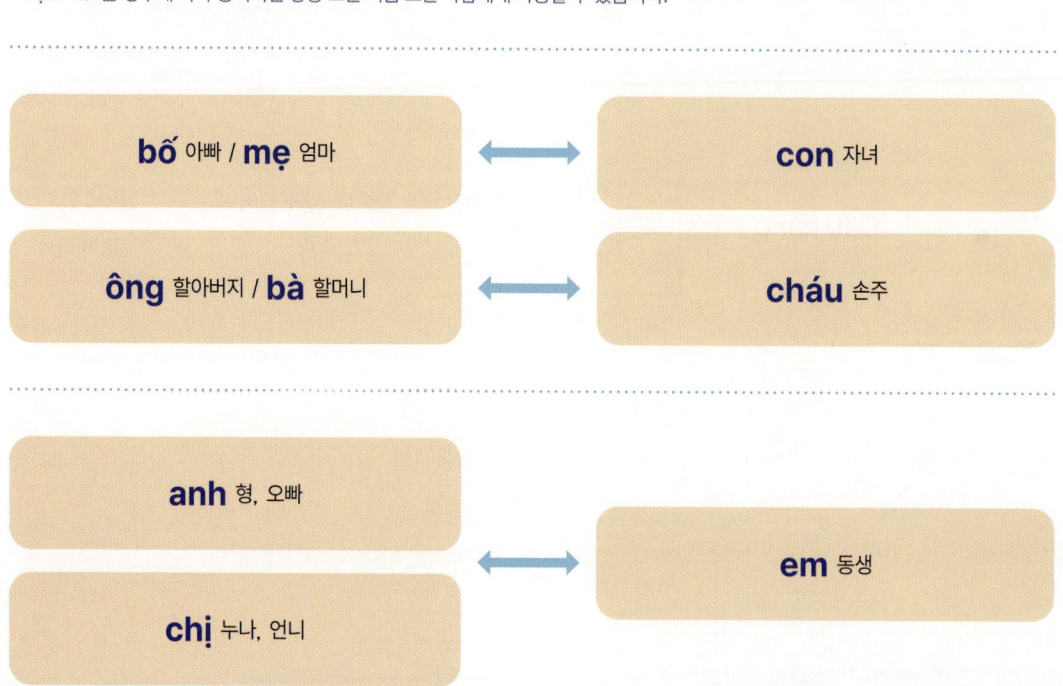

제3자를 칭하는 경우

3인칭은 다음과 같이 2인칭에 [ấy]를 결합하여, '그 ~'라는 의미를 만들어 볼 수 있습니다.

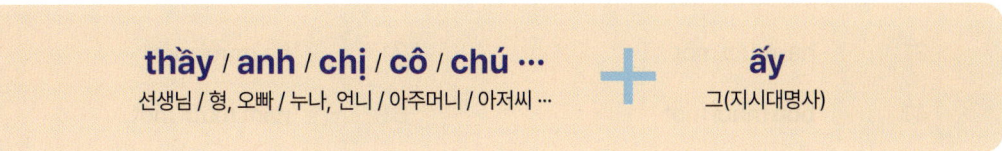

04 숫자

1) 기수 (10~20)

1	2	3	4	5	6	7	8	9	10
một	hai	ba	bốn	năm	sáu	bảy	tám	chín	mười
11	12	13	14	15	16	17	18	19	20
mười một	mười hai	mười ba	mười bốn	mười lăm	mười sáu	mười bảy	mười tám	mười chín	hai mươi

2) 십의 자리가 2 이상일 때 십의 자리의 변형: mười ➡ mươi

20	hai mươi	30	ba mươi
40	bốn mươi	50	năm mươi

3) 십의 자리가 2 이상일 때 일의 자리에 오는 một(1)의 변형: một ➡ mốt

21	hai mươi mốt	31	ba mươi mốt
41	bốn mươi mốt	51	năm mươi mốt

4) 십의 자리가 1 이상일 때 일의 자리에 오는 năm(5)의 변형: năm ➡ lăm

15	mười lăm	25	hai mươi lăm
35	ba mươi lăm	45	bốn mươi lăm

5) 100의 자릿수

백 자리 이상의 수에서 십의 자리가 0인 경우 linh 또는 lẻ를 넣으며, 그렇지 않은 경우의 수는 기존과 동일하게 읽습니다.

100	một trăm	101	một trăm linh (lẻ) một
105	một trăm linh (lẻ) năm	110	một trăm mười
115	một trăm mười lăm	150	một trăm năm mươi

6) 1.000의 자릿수

천 자리 이상의 수에서 백의 자리가 0인 경우 không trăm을 넣으며, 천 단위의 숫자로는 nghìn 또는 ngàn을 넣어 읽습니다.

1.000	một nghìn (ngàn)
1.001	một nghìn (ngàn) không trăm linh một
1.100	một nghìn (ngàn) một trăm

7) 10.000의 자리 이상의 수

베트남에서는 숫자를 끊어 읽는 단위 기호가 쉼표(,)가 아닌, 마침표(.)인 점을 유의하여 표기합니다. 백만 단위의 숫자로는 triệu를 넣어 읽습니다.

10.000	mười nghìn (ngàn)
100.000	một trăm nghìn (ngàn)
1.000.000	một triệu
10.000.000	mười triệu
100.000.000	một trăm triệu

BÀI 01

저는 Hoa예요.
Chị là Hoa.

1과 전체 음원

★ 학습 내용을 미리 살펴봐요!

오늘은 이름, 국적, 직업과 같은 기본 정보를 소개할 때 사용하는 동사와 화제를 바꾸거나 앞서 나온 내용을 상대방에게도 물어볼 때 사용할 수 있는 접속사에 대해 배워보려고 합니다. 이 표현들을 배우고 나면 '저는 학생입니다', '그녀는 대학생이 아니에요'나 '그런데 당신은요?'와 같은 표현을 말할 수 있게 됩니다.

★ 주요 단어를 미리 확인해요!   Track 01-01

đây	giáo viên	ấy	đẹp
더이	지아오 비엔	어이	댑
여기, 이것, 이분	선생님	그, 3인칭을 나타내는 말	예쁜
tuổi	người	Hàn Quốc	bạn
뚜오이	응으어이	한 꾸옥	반
나이	사람	한국	친구
Việt Nam	doanh nhân	nhân viên	công ty
비엗 남	조아잉 년	년 비엔	꼼 띠
베트남	사업가	직원	회사
khoẻ	thích	xem	phim
코애	틱	쌤	핌
건강한	좋아하다	보다	영화

개념부터 알아봐요!

1 là

동사 'là'는 '~이다'라는 의미로 정의를 명확히 하거나 개념을 설명할 때 사용합니다. 'là'의 부정형은 'là' 앞에 '아니다'라는 의미를 가진 'không'을 넣어 표현할 수 있습니다.

① 'là'는 주어와 명사 사이에 위치합니다.

> 😀 긍정 주어 + là + 명사.   🙁 부정 주어 + không phải là + 명사.

Đây là giáo viên. 이분은 선생님입니다.

Đây không phải là giáo viên. 이분은 선생님이 아닙니다.

> **Tip**
> 'là'는 형용사와 함께 쓰이지 않습니다. 베트남어는 형용사가 서술어로 쓰일 수 있어 동사 없이 완전한 문장을 만들 수 있습니다.
> • Cô ấy là đẹp. (x) → Cô ấy đẹp. 그녀는 예쁘다.

2 còn

접속사 'còn'은 '그리고, 그런데, 그러면, 반면에' 등의 의미로 화제를 전환하거나 주어가 다른 내용을 대조적으로 표현할 때 사용합니다.

① 상대에게 질문하거나 화제를 전환할 때에는 'còn' 뒤에 대상을 넣어줍니다.

> còn + 대상?

Em 20 tuổi. Còn anh? 저는 20살이에요. 그런데 당신은요?

② 상반된 내용의 문장을 이을 때에는 문장과 문장 사이에 'còn'을 넣어줍니다.

> 문장 1 + còn + 문장 2.

Tôi là người Hàn Quốc, 나는 한국인이고,
còn bạn tôi là người Việt Nam. 내 친구는 베트남인이다.

문장으로 연습해요!

오늘의 표현을 활용한 문장을 반복해서 읽어 보세요.

1. 　　아잉　라　조아잉　년
   Anh là doanh nhân. 　　　　　　　나는 사업가야.

2. 　　아잉　라　년　비엔　꼼　띠
   Anh là nhân viên công ty. 　　　　나는 회사원이야.

3. 　　앰　라　호아
   Em là Hoa. 　　　　　　　　　　　저는 호아예요.

4. 　　찌　라　응으어이　한　꾸옥
   Chị là người Hàn Quốc. 　　　　　나는 한국인이야.

5. 　　앰　라　응으어이　비엔　남
   Em là người Việt Nam. 　　　　　저는 베트남인이에요.

앰 라 끼엠 껀 아잉
6 Em là Kiếm. Còn anh? 저는 끼엠이에요. 그런데 당신은요?

앰 하이므어이 뚜오이 껀 아잉
7 Em 20 tuổi. Còn anh? 저는 20살이에요. 그런데 당신은요?

보 앰 라 년 비엔 꼼 띠 껀 매 앰 라 지아오 비엔
8 Bố em là nhân viên công ty, còn mẹ em là giáo viên.
제 아빠는 의사이시고, 제 엄마는 선생님이에요.

아잉 코애 껀 앰
9 Anh khoẻ. Còn em? 나는 잘 지내. 너는?

아잉 틱 쌤 핌 껀 앰
10 Anh thích xem phim. Còn em? 나는 영화 보는 것을 좋아해. 너는?

실전처럼 말해봐요!

🎧 Track 01-03

민호
씬 짜오 머이 응으어이
Xin chào mọi người.

호아
짜오 앰 찌 라 호아 껀 앰
Chào em. Chị là Hoa. Còn em?

민호
앰 라 김 민호
Em là Kim Minho.

마이
짜오 아잉 민호 앰 라 마이
Chào anh Minho. Em là Mai.

📑 새 단어

- xin chào 씬 짜오
  안녕하세요
- mọi 머이
  모든

📖 한국어 뜻만 보고, 베트남어로 말하는 연습을 해 보세요!

민호 안녕하세요 여러분.

호아 안녕하세요, 저는 Hoa예요. 그런데 당신은요?

민호 저는 김민호입니다.

마이 안녕하세요. 저는 Mai예요.

복습하며 풀어봐요!

1 다음 빈칸에 공통적으로 들어갈 단어를 고르세요.

- Em _____ Lee Soojin.
- Anh _____ doanh nhân.

① còn ② là ③ chào ④ chị

2 다음 문장을 베트남어로 완성해 보세요.

❶ 안녕하세요 여러분.

▶ _____ mọi người.

❷ 저는 Hoa입니다.

▶ Em _____ Hoa.

❸ 나는 회사원이야.

▶ Anh _____ nhân viên công ty.

3 다음 제시된 대화를 완성해 보세요.

Ⓐ Anh là Tuấn. _____ em?

저는 Tuấn입니다. 당신은요?

Ⓑ Em là Hiền. _____ đây là Minh.

저는 Hiền입니다. 그리고 이분은 Minh입니다.

직접 쓰며 익히는 베트남어 표현

◐ 나는 사업가야.

Anh là doanh nhân.

◐ 저는 호아예요.

Em là Hoa.

◐ 나는 한국인이야.

Chị là người Hàn Quốc.

◐ 저는 베트남인이에요.

Em là người Việt Nam.

● 저는 20살이에요. 그런데 당신은요?

Em 20 tuổi. Còn anh?

🖉

● 제 아빠는 의사이시고, 제 엄마는 선생님이에요.

Bố em là nhân viên công ty, còn mẹ em là giáo viên.

🖉

● 나는 잘 지내. 너는?

Anh khoẻ. Còn em?

🖉

● 나는 영화 보는 것을 좋아해. 너는?

Anh thích xem phim. Còn em?

🖉

BÀI 02

이 사진 좀 봐도 돼요?
Anh xem ảnh này được không?

2과 전체 음원

 학습 내용을 미리 살펴봐요!

오늘은 상대방의 허락을 구하는 의문형과 상대방과 동일한 상태, 행동 또는 의견 등이 같음을 표현하는 부사를 배워보려고 합니다. 이 표현들을 배우고 나면 '~해도 돼요?', '~할 수 있을까요?'나 '나도 사랑해', '나도 베트남 친구가 있어'와 같은 문장을 말할 수 있게 됩니다.

 주요 단어를 미리 확인해요!

🎧 Track 02-01

ảnh 아잉 사진	này 나이 이(지시형용사)	về 베 (돌아)가다	nhà 냐 집
yêu 이에우 사랑하다	ăn 안 먹다	uống 우옹 마시다	nghỉ 응이 쉬다
một chút 몯 쭏 잠시, 잠깐	thanh toán 타잉 또안 계산하다	nói 너이 말하다	lại 라이 다시
sống 쏨 살다	ở 어 ~에(서), ~에 있다	cà phê 까 페 커피	mua 무어 사다

30 꼬수진과 함께 나의 첫번째 베트남어 수업

개념부터 알아봐요!

1 được không?

'~được không?' 의문문 형식은 허락을 구하거나 가능성을 물을 때 사용되며, '가능해요?', '돼요?'와 같이 해석할 수 있습니다.

① '~được không'은 문장 끝에 위치합니다.

> 문장 + được không?

Anh xem ảnh này được không?   이 사진 좀 봐도 돼요?
Em về nhà được không?   집에 가도 돼요?

2 cũng

부사 'cũng'은 '~도 역시'라는 의미로 다른 주체와 상태, 행동 또는 의견 등이 같음을 표현할 때 사용합니다.

① 'cũng'은 주어 뒤에 위치하며, 반드시 다른 주체의 언급 이후에 사용됩니다.

> 주어 + cũng + 서술어.

Em cũng yêu anh.   저도 당신을 사랑해요.
Anh cũng là người Hàn Quốc.   나도 한국인이야.

문장으로 연습해요!

오늘의 표현을 활용한 문장을 반복해서 읽어 보세요.

1. 아잉 안 까이 나이 드억 콤
   Anh ăn cái này được không? — 나 이거 먹어도 돼?

2. 아잉 우옹 까이 나이 드억 콤
   Anh uống cái này được không? — 나 이거 마셔도 돼?

3. 응이 몯 쭏 드억 콤
   Nghỉ một chút được không? — 잠깐 쉬어도 돼요?

4. 타잉 또안 까이 나이 드억 콤
   Thanh toán cái này được không? — 이거 결제해도 돼요?

5. 너이 라이 드억 콤
   Nói lại được không? — 다시 말해 주시겠어요?

🔊 6 아잉 꿈 쏨 어 하 노이
Anh cũng sống ở Hà Nội.   나도 하노이에 살아.

🔊 7 아잉 꿈 우옹 까 페
Anh cũng uống cà phê.   나도 커피를 마셔.

🔊 8 앰 꿈 무어 까이 나이
Em cũng mua cái này.   저도 이거 사요.

🔊 9 앰 꿈 안 까이 나이
Em cũng ăn cái này.   저도 이거 먹어요.

🔊 10 앰 꿈 틱 쌤 핌
Em cũng thích xem phim.   저도 영화 보는 것을 좋아해요.

실전처럼 말해봐요!

🎧 Track 02-03

민호 아잉 쌤 아잉 나이 드억 콤
Anh xem ảnh này được không?

마이 드억 아 더이 라 아잉 지아 딩 앰
Được ạ. Đây là ảnh gia đình em.

민호 아잉 꿈 꺼 아잉 지아 딩
Anh cũng có ảnh gia đình.

마이 앰 쌤 드억 콤 아
Em xem được không ạ?

📖 새 단어

- ạ 아
  높임 표현(문장 끝에 덧붙여 사용하며, 자신보다 나이가 많은 사람에게 사용)
- gia đình 지아 딩
  가족

📕 한국어 뜻만 보고, 베트남어로 말하는 연습을 해 보세요!

민호 제가 이 사진 좀 봐도 돼요?

마이 돼요. 여기는 제 가족 사진이에요.

민호 나도 가족 사진이 있어요.

마이 제가 봐도 될까요?

복습하며 풀어봐요!

1 다음 빈칸에 알맞은 표현을 써 보세요.

① A: Em sống ở Hà Nội.

B: Chị _____. 나도 하노이에 살아.

② A: Anh uống cà phê.

B: _____. 저도 커피를 마셔요.

2 다음 제시된 문장을 제시어에 맞게 바꿔 써 보세요.

① Anh uống cái này. 나 이거 마셔.

▶ 나 이거 마셔도 돼?

_____?

② Anh xem ảnh này. 나는 이 사진을 봐.

▶ 나 이 사진 봐도 돼?

_____?

3 다음 제시된 대화를 완성해 보세요.

Ⓐ Anh thích cà phê. Anh _____ này _____?

나는 커피를 좋아해. 나 이 커피 마셔도 돼?

Ⓑ Tất nhiên rồi. _____.

당연하죠. 저도 커피 마시는 것을 좋아해요.

*tất nhiên rồi (떧 니엔 조이) 그럼요, 물론이지요

직접 쓰며 익히는 베트남어 표현

● 나 이거 먹어도 돼?

Anh ăn cái này được không?

● 잠깐 쉬어도 돼요?

Nghỉ một chút được không?

● 이거 결제해도 돼요?

Thanh toán cái này được không?

● 다시 말해 주시겠어요?

Nói lại được không?

◎ 나도 커피를 마셔.

Anh cũng uống cà phê.

◎ 저도 이거 사요.

Em cũng mua cái này.

◎ 저도 이거 먹어요.

Em cũng ăn cái này.

◎ 저도 영화 보는 것을 좋아해요.

Em cũng thích xem phim.

BÀI 03

시간 있어요?
Em có thời gian không?

3과 전체 음원

★ 학습 내용을 미리 살펴봐요!

오늘은 사람이나 사물의 존재 유무를 묻는 의문형과 권유 또는 제안을 나타내는 표현을 배워보려고 합니다. 이 표현들을 배우고 나면 '너 베트남 친구 있어?', '그는 오토바이가 있어?'와 같이 질문하거나 '같이 하자!', '일하자!'와 같이 권유하는 문장을 익힐 수 있습니다.

★ 주요 단어를 미리 확인해요!

 Track 03-01

thời gian 터이 지안 시간	**xe ô tô** 쌔 오 또 자동차	**đi** 디 가다	**chơi** 쩌이 놀다
tối 또이 저녁	**xe máy** 쌔 마이 오토바이	**sách** 싸익 책	**tiếng** 띠엥 언어
thật 텉 진실한	**giảm giá** 지암 지아 가격을 깎다	**cho** 쩌 ~를 위해, ~에게	**bia** 비어 맥주

개념부터 알아봐요!

1 có…không?

'có…không?' 의문문 형식은 사람이나 사물의 존재 유무를 묻는 표현입니다. 이때 동사 'có'는 '있다(존재하다)'의 의미를 가지며, 의문문을 만드는 'không'과 결합하여 사용합니다.

❶ 'có'와 'không' 사이에 명사를 넣어 활용합니다.

> 주어 + có + 명사 + không?

Em có thời gian không?　　　　　　너 시간 있어?
Anh có xe ô tô không?　　　　　　당신은 차가 있나요?

2 đi

동사 'đi'는 '가다'라는 의미를 나타내지만, 문장 끝에 사용하면 '~하자'와 같은 권유나 제안을 나타내는 의미로 쓰입니다. 보통 가까운 사이나 아랫사람에게 사용합니다.

❶ 권유나 제안을 나타내는 'đi'는 문장 끝에 덧붙여 사용합니다.

> 문장 + đi!

Đi chơi đi!　　　　　　　　　　　놀러가자!
Uống đi!　　　　　　　　　　　　마셔!

❷ '함께, 같이'를 의미하는 'cùng'과 결합하여 '같이 ~해요!'라는 제안을 나타낼 수 있습니다.

> Cùng + 동사 + đi!

Cùng ăn tối đi!　　　　　　　　　같이 저녁 먹으러 가자!
Cùng xem phim đi!　　　　　　　같이 영화 보러 가자!

문장으로 연습해요!

다음 문장을 반복해서 읽어 보세요.

아잉 꺼 쌔 오 또 콤
1 Anh có xe ô tô không? 당신은 차가 있나요?

아잉 꺼 쌔 마이 콤
2 Anh có xe máy không? 당신은 오토바이가 있나요?

꺼 응으어이 어 냐 콤
3 Có người ở nhà không? 집에 사람이 있나요?

앰 꺼 반 응으어이 비엩 남 콤
4 Em có bạn người Việt Nam không? 베트남 친구가 있어?

앰 꺼 싸익 띠엥 비엩 콤
5 Em có sách tiếng Việt không? 베트남어 책 있어?

Track 03-02

6. 쌤 디
   Xem đi! — 보세요!

7. 너이 텃 디
   Nói thật đi! — 솔직히 말해요!

8. 지암 지아 쩌 앰 디
   Giảm giá cho em đi! — 할인해 주세요!

9. 꿈 디 쩌이 디
   Cùng đi chơi đi! — 같이 놀러가요!

10. 꿈 디 우옹 비어 디
    Cùng đi uống bia đi! — 같이 맥주 마시러 가요!

실전처럼 말해봐요!

🎧 Track 03-03

민호: 또이 나이 앰 꺼 터이 지안 콤
Tối nay, em có thời gian không?

마이: 꺼 아
Có ạ.

민호: 버이 꿈 디 안 또이 디
Vậy, cùng đi ăn tối đi!

마이: 드억 아
Được ạ!

📖 새 단어

- tối nay 또이 나이
  오늘 저녁
- vậy 버이
  그러면, 그래서, 그렇게(문미 조사)
  *유사어: thế

🔖 한국어 뜻만 보고, 베트남어로 말하는 연습을 해 보세요!

민호: 오늘 저녁, 시간 있어요?

마이: 네, 있어요.

민호: 그럼, 같이 저녁 먹으러 가요!

마이: 좋아요!

🚩 베트남어 더 알아봐요! 'có…không?' 의문형 대답하기

'있다' - Có (Vâng), 주어 + có + 명사
'없다' - Không có (Không), 주어 + không có + 명사

* 'không'은 '아니다(부정 표현)'라는 의미로 서술어 앞에 위치해 '~하지 않다'로 해석합니다.

복습하며 풀어봐요!

1 다음 베트남어를 한국어로 해석하세요.

① Anh có sách không?

_____ ?

② Cùng đi Việt Nam đi.

_____ .

③ Không có, tôi không có xe ô tô.

_____ .

2 다음 문장을 제시어에 맞게 바꿔 써 보세요.

① Anh có em gái.   나는 여동생이 있어.   *em gái (앰 가이) 여동생

　의문 _____ ?

② Em ấy có xe máy.   그 애는 오토바이가 있어.

　의문 _____ ?

③ Anh có tiền không?   돈 있어요?   *tiền (띠엔) 돈

　부정 _____ .

3 다음 제시된 대화를 완성해 보세요.

Ⓐ Anh _____ ?   *rượu vang (즈어우 방) 와인

　와인 있어요?

Ⓑ Có! _____ !

　당연히 있지! 같이 마시자!

직접 쓰며 익히는 베트남어 표현

▼ 당신은 차가 있나요?

Anh có xe ô tô không?

✎

▼ 당신은 오토바이가 있나요?

Anh có xe máy không?

✎

▼ 집에 사람이 있나요?

Có người ở nhà không?

✎

▼ 베트남 친구가 있어?

Em có bạn người Việt Nam không?

✎

◐ 보세요!

Xem đi!

🖉

◐ 솔직히 말해요!

Nói thật đi!

🖉

◐ 같이 놀러가요!

Cùng đi chơi đi!

🖉

◐ 같이 맥주 마시러 가요!

Cùng đi uống bia đi!

🖉

BÀI 04 누가 카드 떨어뜨렸어요?
Ai làm rơi thẻ ngân hàng vậy?

★ 학습 내용을 미리 살펴봐요!

오늘은 '누구', '누가'를 뜻하는 의문사와 소유격 표현을 배워보려고 합니다. 이 표현들을 배우고 나면 '이분은 누구입니까?', '누가 숙제 안 해 왔어?'와 같은 의문문이나, '나의 선생님', '나의 책'과 같이 소유를 나타내는 표현을 익힐 수 있습니다.

★ 주요 단어를 미리 확인해요!

 Track 04-01

làm 람 하다, 만들다	công việc 꼼 비엑 일, 업무	chờ 쩌 기다리다	với 버이 ~와(과)
thẻ 태 카드	bố mẹ 보 매 부모님	hôm nay 홈 나이 오늘	muộn 무온 늦은
chút nữa 쭡 느어 이따	gặp 갑 만나다	danh thiếp 자잉 티엡 명함	số 쏘 번호
điện thoại 디엔 토아이 전화	áo khoác 아오 코악 외투, 자켓	phòng 퐁 방	hẹp 햅 좁은

개념부터 알아봐요!

1 ai

의문사 'ai'는 '누구', '누가'라는 의미로 사람의 신원이나 주체를 물을 때 사용합니다. 주어와 목적어로 쓰이거나 동사 'là' 뒤에 위치할 수 있습니다.

① 'ai'가 주어로 쓰이는 경우 문장 맨 앞에 위치하며, 서술어와 결합하여 사용합니다.

> ai + 서술어?

Ai làm công việc này? 누가 이 일을 해요?   Ai nói thế? 누가 그렇게 말해요?

② 'ai'가 목적어로 쓰이는 경우 동사 뒤에 위치하며, 행동의 대상을 나타냅니다.

> 서술어 + ai?

Em chờ ai? 누구를 기다려?   Em đi với ai? 너는 누구와 가니?

③ 'ai'가 동사 'là' 뒤에 위치한 경우 '누구입니까?'라는 의미를 가지며, 신원, 정체, 직업 등을 물을 때 사용됩니다.

> 주어 + là ai?

Người này là ai? 이 사람은 누구입니까?   Bạn là ai? 당신은 누구입니까?

2 của

소유격 'của'는 '~의 (것)'이라는 의미로 소유자와 소유물을 연결하는 역할을 합니다.

① 'của'는 소유를 나타내는 대상과 소유자 사이에 넣어 사용합니다.

> 대상 + của + 소유자

Đây là thẻ của em.   이것은 제 카드입니다.
Đây là của ai?   이것은 누구의 것입니까?
Đây là bố mẹ của tôi.   여기는 제 부모님이세요.

문장으로 연습해요!

오늘의 표현을 활용한 문장을 반복해서 읽어 보세요.

홈　　나이 아이 디　무온
1. Hôm nay ai đi muộn?　　　　　　　　오늘 누가 지각했어요?

쭏　느어　앰　갑 아이
2. Chút nữa, em gặp ai?　　　　　　　　이따 누구를 만나?

찌　어이 라 아이
3. Chị ấy là ai?　　　　　　　　그녀는 누구예요?

아잉 디 비엗　남　버이 아이
4. Anh đi Việt Nam với ai?　　　　　　　　당신은 누구와 베트남에 가요?

아이 너이　테
5. Ai nói thế?　　　　　　　　누가 그렇게 말해요?

6. 더이 라 자잉 티엡 꾸어 아잉
Đây là danh thiếp của anh.

이건 내 명함이야.

7. 더이 라 쏘 디엔 토아이 꾸어 아잉
Đây là số điện thoại của anh.

이건 내 전화번호야.

8. 아오 코악 꾸어 꼬 댑
Áo khoác của cô đẹp.

당신의 코트는 예뻐요.

9. 펌 꾸어 앰 햅
Phòng của em hẹp.

제 방은 작아요.

10. 꼼 띠 꾸어 아잉 어 비엩 남
Công ty của anh ở Việt Nam.

내 회사는 베트남에 있어.

실전처럼 말해봐요!

🎧 Track 04-03

민호 오 아이 람 저이 태 응언 항 버이
Ô! Ai làm rơi thẻ ngân hàng vậy?

마이 콤 파이 라 꾸어 앰 아
Không phải là của em ạ.

호아 아 라 태 꾸어 앰 아 깜 언 아잉
A! Là thẻ của em ạ. Cảm ơn anh.

민호 콤 꺼 지 더우
Không có gì đâu.

새 단어

- rơi 저이
  떨어뜨리다
- ngân hàng 응언 항
  은행
- cảm ơn 깜 언
  고마워하다
- không có gì 콤 꺼 지
  천만에요
- đâu 더우
  전혀(문장 끝에서 강한 부정을 나타내는 말)

📕 한국어 뜻만 보고, 베트남어로 말하는 연습을 해 보세요!

민호 오! 누가 카드 떨어뜨렸어요?

마이 저의(제) 것이 아니에요.

호아 아! 저의(제) 카드예요. 감사합니다.

민호 천만에요. / 별말씀을요.

복습하며 풀어봐요!

1 질문에 알맞은 답변을 찾아 이어 보세요.

① Anh ấy là ai?　　　　　　　Ⓐ Là của em ạ.

② Áo khoác này là của ai?　　Ⓑ Anh ấy là anh Minh, bạn trai của em.
*bạn trai (반 짜이) 남자친구

③ Tối nay anh gặp ai?　　　　Ⓒ Tối nay anh gặp bạn.

2 다음 제시된 문장을 'ai' 의문사를 사용하여 의문문으로 만들어 보세요.

① **Anh sống ở Hà Nội.** 나는 하노이에 살아.

▶ 누가 하노이에 살아요?

_____?

② **Anh sống với gia đình.** 나는 가족이랑 살아.

▶ 당신은 누구랑 살아요?

_____?

③ **Anh yêu cô Phương.** 나는 프엉 씨를 사랑해.

▶ 당신은 누구를 사랑해요?

_____?

3 다음 제시된 대화를 완성해 보세요.

Ⓐ **Chút nữa, em gặp ai?**

이따 누구를 만나?

Ⓑ _____.

저는 제 친구를 만나요.

직접 쓰며 익히는 베트남어 표현

▼ 오늘 누가 지각했어요?

Hôm nay ai đi muộn?

🖉

▼ 그녀는 누구예요?

Chị ấy là ai?

🖉

▼ 당신은 누구와 베트남에 가요?

Anh đi Việt Nam với ai?

🖉

▼ 누가 그렇게 말해요?

Ai nói thế?

🖉

◎ 이건 내 명함이야.

Đây là danh thiếp của anh.

✎

◎ 이건 내 전화번호야.

Đây là số điện thoại của anh.

✎

◎ 당신의 코트는 예뻐요.

Áo khoác của cô đẹp.

✎

◎ 내 회사는 베트남에 있어.

Công ty của anh ở Việt Nam.

✎

BÀI 05

내일 바쁘세요?
Mai anh có bận không ạ?

5과 전체 음원

★ 학습 내용을 미리 살펴봐요!

오늘은 베트남어의 의문문과 상대방에게 동의를 구하거나 자신의 생각이 맞는지 확인하는 부가의문문 형식을 배워보려고 합니다. 이 표현들을 배우고 나면 '바빠요?', '배고파요?'와 같이 상대방에게 무엇인가를 질문하거나 '이거 먹는 거 맞죠?', '베트남어 공부하는 거 맞죠?'와 같이 자신의 생각을 확인하는 다양한 표현을 익힐 수 있습니다.

★ 주요 단어를 미리 확인해요!

 Track 05-01

bận 번 바쁜	học 헙 공부하다	biết 비엗 알다	vui 부이 기쁜, 즐거운
mệt 멛 피곤한	túi xách 뚜이 싸익 가방	(ngày) mai (응아이) 마이 내일	chuyển 쭈이엔 이동하다, 옮기다

개념부터 알아봐요!

1 có…không?

'có…không?' 의문문 형식은 사람이나 사물의 존재 유무를 물어볼 때뿐만 아니라, 동사 또는 형용사 문장을 의문문으로 만들 때 사용됩니다. 이때 'có'는 생략해서 사용할 수 있습니다.

① 행동이나 상태를 나타내는 동사 또는 형용사를 'có'와 'không'사이에 위치시킵니다.

주어 + (có) + 동사/형용사 + không?

Anh có ăn không?   먹어요?   Anh có bận không?   바빠요?

② 긍정으로 대답할 때에는 'có' 또는 'vâng'을 사용하고, 부정으로 대답할 때에는 'không'을 사용합니다.

😁 긍정   Có / Vâng. (주어 + 동사/형용사.)
🙁 부정   Không. (주어 + không + 동사/형용사.)

Có. Anh bận.   응. 나 바빠.
Không. Anh không bận.   아니. 나 안 바빠.

2 phải không, đúng không?

'phải'는 '옳은', 'đúng'은 '맞는, 정확한'이라는 뜻으로, 'không'과 결합하여 '~이 맞죠, 그렇죠?'라는 의미를 나타냅니다. 상대방이 말한 내용이나 자신이 말한 내용이 맞는지 확인할 때 사용됩니다.

① 'phải không', 'đúng không'은 문미에 덧붙여 사용합니다.

주어 + 서술어 + phải không (đúng không)?

Bạn học tiếng Việt, đúng không?   너 베트남어 공부하지, 그렇지?

② 긍정으로 대답할 때에는 'phải', 'đúng (rồi)', 'vâng'을 사용하고, 부정으로 대답할 때에는 'không' 또는 'không phải'를 사용합니다.

😁 긍정   Phải / Đúng (rồi) / Vâng. (주어 + 동사/형용사.)
🙁 부정   Không / Không phải. (주어 + không + 동사/형용사.)

Đúng rồi. Em học tiếng Việt ạ.   맞아요. 저 베트남어 공부해요.
Không phải. Em không học tiếng Việt ạ.   아니요. 저 베트남어 공부 안 해요.

문장으로 연습해요!

오늘의 표현을 활용한 문장을 반복해서 읽어 보세요.

아잉 꺼 안 콤
1. Anh có ăn không? — 먹어요?

아잉 꺼 우옹 콤
2. Anh có uống không? — 마셔요?

찌 꺼 비엗 콤
3. Chị có biết không? — 알아요?

앰 꺼 부이 콤
4. Em có vui không? — 기뻐?

앰 꺼 디 비엗 남 콤
5. Em có đi Việt Nam không? — 베트남에 가요?

6. 아잉 안 까이 나이 파이 콤
Anh ăn cái này, phải không? — 이거 먹는 거 맞죠?

7. 아잉 우옹 까이 나이 파이 콤
Anh uống cái này, phải không? — 이거 마시는 거 맞죠?

8. 아잉 멛 파이 콤
Anh mệt, phải không? — 당신 피곤한 거 맞죠?

9. 찌 라 호아 둠 콤
Chị là Hoa, đúng không? — 당신은 호아 씨 맞죠?

10. 더이 라 뚜이 싸익 꾸어 찌 둠 콤
Đây là túi xách của chị, đúng không? — 이거 언니 가방 맞죠?

실전처럼 말해봐요!

🎧 Track 05-03

마이 Mai anh có bận không ạ?
　　　 마이 아잉 꺼 번 콤 아

민호 Không. Mai em chuyển nhà phải không?
　　　 콤 마이 앰 쭈이엔 냐 파이 콤

마이 Vâng ạ. Anh giúp em được không?
　　　 벙 아 아잉 지웁 앰 드억 콤

민호 Được chứ.
　　　 드억 쯔

📖 새 단어

- **giúp** 지웁
  돕다
- **chứ** 쯔
  ~이지?, ~하지?
  (문미에 덧붙여 당연함을 나타내며, 평서문과 의문문 모두 사용 가능)

🔖 한국어 뜻만 보고, 베트남어로 말하는 연습을 해 보세요!

마이 내일 바쁘세요?

민호 아니. 내일 이사 가는 거 맞지?

마이 네. 도와주실 수 있나요?

민호 당연하지.

🇻🇳 베트남어 더 알아봐요!

우리는 3과에서 이미 'có…không' 문형을 공부했죠? 이 문형은 결합하는 품사에 따라 해석이 달라지는데, 명사와 결합할 때에는 명사의 존재의 유무를 물을 때 사용하며, 이에 따라 '있다'라는 의미를 가지는 'có'가 핵심 동사가 됩니다. 반면, 동사나 형용사와 결합할 때에는 행동이나 상태를 묻는 문형이기 때문에 'có'를 생략할 수도 있습니다.

복습하며 풀어봐요!

1 다음 문장을 각각 의문문과 부가의문문으로 바꿔 써 보세요.

① Anh bận.

의문문 ▸ _____ ?

부가의문문 ▸ _____ ?

② Chị uống cà phê.

의문문 ▸ _____ ?

부가의문문 ▸ _____ ?

2 다음 주어진 단어를 사용하여 답변 문장을 완성해 보세요.

① Em có hạnh phúc không?   너는 행복해?   *hạnh phúc (하잉 푹) 행복한

긍정 ▸ _____ .

② Anh có bận không?   바쁘세요?

부정 ▸ _____ .

3 다음 제시된 대화를 완성해 보세요.

Ⓐ Ngày mai chị đi làm, phải không?   *đi làm (디 람) 출근하다

내일 출근하죠, 그렇죠?

Ⓑ _____ . Mai chị _____ .

아니. 내일은 출근 안 해.

직접 쓰며 익히는 베트남어 표현

◉ 마셔요?

Anh có uống không?

🖉

◉ 알아요?

Chị có biết không?

🖉

◉ 기뻐?

Em có vui không?

🖉

◉ 베트남에 가?

Em có đi Việt Nam không?

🖉

◉ 이거 먹는 거 맞죠?

Anh ăn cái này, phải không?

✎

◉ 이거 마시는 거 맞죠?

Anh uống cái này, phải không?

✎

◉ 당신은 호아 씨 맞죠?

Chị là Hoa, đúng không?

✎

◉ 이거 언니 가방 맞죠?

Đây là túi xách của chị, đúng không?

✎

BÀI 06 뭐 먹을래?
Em ăn gì?

6과 전체 음원

★ 학습 내용을 미리 살펴봐요!

오늘은 알지 못하는 대상, 개념, 사물 등에 관해 물을 때 사용하는 의문사와 단위 명사의 역할을 하는 종별사에 대해 배워보려고 합니다. 이 표현들을 배우고 나면 '뭐 해?', '무엇을 찾아요?'와 같이 질문하거나 '10개', '2명' 등과 같이 단위 명사를 표현할 수 있습니다. 뿐만 아니라 사물을 강조하거나 지칭할 때 사용하는 'cái'를 활용하여 문장을 만들 수 있습니다.

★ 주요 단어를 미리 확인해요!

 Track 06-01

tên	cốc	đó	rất
뗀	꼽	더	젇
이름	컵, 잔	그, 그것, 그분	매우, 아주
nghề	thêm	quẩy	cho
응에	템	꾸어이	쩌
직업	추가하다, 더하다	유조 (쌀국수 국물에 찍어 먹는 빵)	주다
bánh mì	đĩa	mới	ba lô
바잉 미	디어	머이	바 로
반미 (베트남식 샌드위치)	접시	새로운	배낭

62　꼬수진과 함께 나의 첫번째 베트남어 수업

개념부터 알아봐요!

1 gì

의문사 'gì'는 '무엇', '무슨'을 의미하는 의문사로 어떤 것에 대한 정보를 물을 때 사용합니다.

❶ 'gì'는 보통 동사 뒤 또는 문장 끝에 위치합니다.

주어 + 동사 + gì?

Anh uống gì? 뭐 마셔요?   Em thích gì? 무엇을 좋아해?

❷ 사물이나 개념에 대해 그 의미나 정의를 묻고 싶을 때는 동사 'là'와 결합합니다.

주어 + là gì?

Đây là gì?   이것은 무엇인가요?
Tên của bạn là gì?   이름이 뭐예요?

2 Cái

단위 명사는 물건, 사람, 사물 등을 셀 때 사용하는 표현으로, 그 종류는 수십 가지가 넘습니다. 그중에서도 'cái'는 특정 물건을 강조하거나 물건, 사물, 기계 등의 개수를 셀 때와 같이 다양한 상황에서 사용합니다.

❶ 단위 명사는 보통 명사 앞에 위치합니다.

숫자 + cái + 명사

1(một) cái cốc   컵 한 개   2(hai) cái bánh mì   반미 두 개

❷ 불특정 물건을 지칭할 때에는 지시 형용사 '이, 그, 저'와 결합하여 '이것, 저것, 그것'을 표현합니다.

cái + này(이) / đó(그) / kia(저)

Cái này là gì?   이것은 뭐예요?
Cái đó rất đẹp.   그것은 정말 예뻐요.

문장으로 연습해요!

오늘의 표현을 활용한 문장을 반복해서 읽어 보세요.

1. 아잉 우옹 지
   Anh uống gì? — 뭐 마실래요?

2. 아잉 틱 지
   Anh thích gì? — 뭐 좋아해요?

3. 찌 람 응에 지
   Chị làm nghề gì? — 직업이 뭐예요?

4. 까이 나이 라 지
   Cái này là gì? — 이것은 뭐예요?

5. 뗀 꾸어 반 라 지
   Tên của bạn là gì? — 이름이 뭐예요?

6 템 하이 까이 꾸어이 드억 콤 아
Thêm 2 cái quẩy được không ạ?

유조 두 개 더 추가해도 돼요?

7 쩌 앰 하이 까이 바잉 미
Cho em 2 cái bánh mì.

반미 두 개 주세요.

8 쩌 앰 하이 까이 디어
Cho em 2 cái đĩa.

접시 두 개 주세요.

9 앰 무온 무어 까이 머이
Em muốn mua cái mới.

저는 새 거 사고 싶어요.

10 아잉 무어 바 까이 바 로
Anh mua 3 cái ba lô.

배낭 3개를 사요.

실전처럼 말해봐요!

🎧 Track 06-03

민호 아잉 안 퍼 버 앰 안 지
Anh ăn phở bò. Em ăn gì?

마이 앰 안 퍼 가
Em ăn phở gà.

마이 템 하이 까이 꾸어이 드억 콤 아
Thêm 2 cái quẩy được không ạ?

민호 드억
Được.

새 단어
- phở bò 퍼 버
  소고기 쌀국수
- phở gà 퍼 가
  닭고기 쌀국수

📌 한국어 뜻만 보고, 베트남어로 말하는 연습을 해 보세요!

민호 나는 소고기 쌀국수 먹을래. 뭐 먹을래?

마이 저는 닭고기 쌀국수 먹을래요.

마이 유조 두 개 더 추가해도 돼요?

민호 그럼.

🚩 **베트남어 더 알아봐요!**

'gì'는 특정 명사 뒤에 위치하여 무엇인지 묻는 질문을 나타내기도 합니다. 이때는 명사가 무엇인지를 묻는 형태가 됩니다.

· Cái gì vậy? (이게 무엇인가요?)
→ 'gì'는 단위 명사 'cái(것)' 뒤에 위치하여, 물건이 무엇인지 묻습니다.

· Bạn thích ăn món gì? (무슨 음식을 좋아하나요?)
→ 'gì'는 'món(음식)' 뒤에 위치하여, 상대방이 좋아하는 음식이 무엇인지 묻습니다.

복습하며 풀어봐요!

1 다음 베트남어 문장을 한국어로, 한국어 문장을 베트남어로 바꿔보세요.

❶ Tên của bạn là gì?

_____ _____.

❷ 저는 컵이 두 개 있어요.

_____.

2 다음 빈칸에 들어갈 알맞은 단어를 고르세요.

• Anh ấy có 2 _____ áo.

*áo (아오) 옷, 상의

① được
② cái
③ là

3 다음 제시된 대화를 완성해 보세요.

Ⓐ Em muốn _____ ?

뭐 마시고 싶어?

Ⓑ Em muốn _____ .

저는 아이스 커피 마시고 싶어요.

*đá 얼음, 돌

BÀI06 뭐 먹을래? 67

직접 쓰며 익히는 베트남어 표현

◎ 뭐 좋아해요?

Anh thích gì?

◎ 직업이 뭐예요?

Chị làm nghề gì?

◎ 이것은 뭐예요?

Cái này là gì?

◎ 이름이 뭐예요?

Tên của bạn là gì?

◉ 반미 두 개 주세요.

Cho em 2 cái bánh mì.

✎

◉ 접시 두 개 주세요.

Cho em 2 cái đĩa.

✎

◉ 저는 새 거 사고 싶어요.

Em muốn mua cái mới.

✎

◉ 배낭 3개를 사요.

Anh mua 3 cái ba lô.

✎

BÀI 07

집은 어때요?
Nhà của anh thế nào?

7과 전체 음원

★ 학습 내용을 미리 살펴봐요!

오늘은 특정 상황, 사물, 의견 또는 행동 방법을 물어볼 때 사용하는 의문사와 자신의 의견이나 생각을 표현할 때 사용하는 동사에 대해 배워보려고 합니다. 이 표현들을 배우고 나면 '집은 어때?', '어떻게 가르쳐요?'와 같이 질문하거나 '내가 느끼기에는', '내가 볼 때에는'과 같이 의견이나 생각을 표현하는 문장을 말할 수 있게 됩니다.

★ 주요 단어를 미리 확인해요!

Track 07-01

dạy	thoải mái	việc	dễ
자이	토아이 마이	비엑	제
가르치다	편안한	일	쉬운
món (ăn)	chuyến	đói	hay
먼 (안)	쭈이엔	더이	하이
음식	한차례의 이동, 이동편	배고픈	재미있는, 잘하는

개념부터 알아봐요!

1 thế nào?

의문사 'thế nào'는 '어떻게', '어떠하다'라는 의미로 상황이나 의견, 행동 방법을 물을 때 사용합니다.

① 주어 바로 뒤에 올 경우 '~는 어때요?'로 해석됩니다. (상황, 사물 또는 의견)

주어 + thế nào?

Nhà của anh thế nào? 　　　　　　　　당신의 집은 어때요?

② 동사 뒤에 올 경우 '어떻게 ~해요?'로 해석됩니다. (방법)

주어 + 동사 + thế nào?

Anh ấy dạy thế nào? 　　　　　　　　그는 어떻게 가르쳐요?

2 thấy

동사 'thấy'는 '보다', '느끼다'라는 의미로 생각이나 의견을 표현할 때 사용합니다.

① 'thấy'는 '보다', '느끼다' 등과 같이 지각 동사로서 내부 감정을 표현할 수 있습니다.

주어 + (cảm) thấy + 형용사.

Anh (cảm) thấy thoải mái. 　　　　　　나는 편해(나는 편하게 느껴져).

> **Tip**
> 'cảm thấy'는 감정적 또는 신체적 감각을 표현하는 것에 초점이 더 맞춰져 있으며, 주로 감각적 경험이나 감정 상태에 대한 느낌을 표현하는 데 사용됩니다. 이때 'cảm'은 생략해도 무방합니다.

② 'thấy' 뒤에 의견을 덧붙여 자신의 생각이나 의견을 표현할 수 있습니다.

주어 + thấy + 의견.

Anh thấy việc này không dễ. 　　　　　내 생각에 이 일은 쉽지 않아.

문장으로 연습해요!

오늘의 표현을 활용한 문장을 반복해서 읽어 보세요.

먼 안 나이 테 나오
1. Món (ăn) này thế nào?   이 음식 어때요?

까 페 나이 테 나오
2. Cà phê này thế nào?   이 커피 어때요?

꼼 비엑 꾸어 반 테 나오
3. Công việc của bạn thế nào?   너의 일은 어때?

쭈이엔 디 꾸어 아잉 테 나오
4. Chuyến đi của anh thế nào?   여행 어땠어요?

아잉 디 테 나오
5. Anh đi thế nào?   어떻게 가요?

아잉 깜 터이 부이
6 Anh cảm thấy vui.

나는 즐겁게 느껴져(즐거워).

아잉 깜 터이 멭
7 Anh cảm thấy mệt.

나는 피곤하게 느껴져(피곤해).

앰 터이 더이
8 Em thấy đói.

배고프게 느껴져요(배고파요).

앰 깜 터이 테 나오
9 Em cảm thấy thế nào?

기분이 어때?

앰 터이 띠엥 비엩 젇 하이
10 Em thấy tiếng Việt rất hay.
내가 느끼기에 베트남어는 정말 재미있어.

실전처럼 말해봐요!

Track 07-03

새 단어

- ừ 응 (대답하는 말)

마이 Nhà của anh thế nào?
냐 꾸어 아잉 테 나오

민호 Anh (cảm) thấy thoải mái.
아잉 깜 터이 토아이 마이

마이 Vậy ạ?
버이 아

민호 Ừ.
으

🔖 한국어 뜻만 보고, 베트남어로 말하는 연습을 해 보세요!

마이 집은 어때요?

민호 편안하게 느껴져(편해).

마이 그래요?

민호 응.

복습하며 풀어봐요!

1 다음 문장에서 'cảm thấy'의 의미와 가장 가까운 것을 고르세요.

> • Anh cảm thấy vui.

① 보다
② 느끼다
③ 듣다

2 주어진 단어를 활용하여 다음 문장을 완성해 보세요.

❶ 이 커피 어때요? 　　cà phê này

_____?

❷ 나 편안해.　　chị / thoải mái

_____.

3 다음 제시된 대화를 완성해 보세요.

Ⓐ Anh thấy _____?
형 생각에 베트남어 공부는 어때?

Ⓑ _____ rất hay.
내가 느끼기에 베트남어는 정말 재미있어.

직접 쓰며 익히는 베트남어 표현

◎ 이 음식 어때요?

Món (ăn) này thế nào?

◎ 너의 일은 어때?

Công việc của bạn thế nào?

◎ 여행 어땠어요?

Chuyến đi của anh thế nào?

◎ 어떻게 가요?

Anh đi thế nào?

◎ 나는 즐겁게 느껴져(즐거워).

Anh cảm thấy vui.

◎ 나는 피곤하게 느껴져(피곤해).

Anh cảm thấy mệt.

◎ 배고프게 느껴져요(배고파요).

Em thấy đói.

◎ 기분이 어때?

Em thấy thế nào?

BÀI 08

이 방은 별로 넓지 않네.
Phòng này không rộng lắm.

★ 학습 내용을 미리 살펴봐요!

오늘은 특정 대상을 선택하거나 구체적으로 질문할 때 사용하는 의문사와 부정을 나타내는 정도 부사를 배워보려고 합니다. 이 표현들을 배우고 나면 '당신은 어느 도시에 살아요?', '그는 어떤 색을 좋아해요?'나 '이 방은 그다지 넓지 않아'와 같은 문장을 말할 수 있게 됩니다.

★ 주요 단어를 미리 확인해요! Track 08-01

chọn	đồ uống	rộng	đắt
쩐	도 우옹	좀	닫
선택하다, 고르다	음료, 마실거리	넓은	비싼
màu	trường	rẻ	cao
마우	쯔엉	재	까오
색, 색상	학교	저렴한	키가 큰
loại	hoa	bún chả	ngon
로아이	화	분 짜	응언
종류	꽃	분짜 (하노이식 숯불 돼지고기 쌀국수)	맛있는

개념부터 알아봐요!

1 nào

의문사 'nào'는 '어느', '어떤'이라는 의미로 특정 대상을 선택하거나 구체적으로 질문할 때 질문의 초점을 명확히 합니다.

① 'nào'는 명사 뒤에 위치하며, 특정한 명사를 지칭합니다.

> 주어 + 동사 + 명사 + nào?

Anh chọn phòng nào?	어떤 방을 선택할래요?
Chị chọn đồ uống nào?	어떤 음료를 선택할래요?

2 không…lắm

정도 부사 'không…lắm'은 부정 표현으로 'không'은 부정(아니다)을 'lắm'은 '되게', '매우'의 의미를 가지고 있습니다. 이를 해석하면 '그다지 ~하지 않다', '별로 ~하지 않다'의 의미를 나타내며, 어떤 정도나 강도를 약하게 표현하는 데 사용합니다.

① 'không'은 동사 또는 형용사 앞에, 'lắm'은 뒤에 위치합니다.

> 주어 + không + 동사/형용사 + lắm.

Phòng này không rộng lắm.	이 방은 그다지 넓지 않아요
Cái này không đắt lắm.	이것은 그다지 비싸지 않아요.

문장으로 연습해요!

오늘의 표현을 활용한 문장을 반복해서 읽어 보세요.

찌 쩐 도 우옹 나오
1 Chị chọn đồ uống nào?　　　　　어느 음료를 선택할래요?

찌 쩐 쏘 나오
2 Chị chọn số nào?　　　　　어느 번호를 선택할래요?

아잉 어이 틱 마우 나오
3 Anh ấy thích màu nào?　　　　　그는 어떤 색을 좋아해요?

앰 헙 쯔엉 나오
4 Em học trường nào?　　　　　너는 어느 학교 다녀?

반 틱 로아이 화 나오
5 Bạn thích loại hoa nào?　　　　　당신은 어떤 꽃을 좋아해요?

Track 08-02

까이 나이 콤 재 람
6 Cái này không rẻ lắm.   이것은 별로 저렴하지 않아요.

까이 나이 콤 닫 람
7 Cái này không đắt lắm.   이것은 별로 비싸지 않아요.

꼬 어이 콤 번 람
8 Cô ấy không bận lắm.   그녀는 그렇게 바쁘지 않아요.

아잉 어이 콤 까오 람
9 Anh ấy không cao lắm.   그는 그렇게 키가 크지 않아요.

분 짜 나이 콤 응언 람
10 Bún chả này không ngon lắm.   이 분짜는 그렇게 맛있지 않아요.

실전처럼 말해봐요!

🎧 Track 08-03

마이 아잉 터이 펌 나이 테 나오
Anh thấy phòng này thế nào?

민호 펌 나이 콤 좀 람
Phòng này không rộng lắm.

마이 버이 아잉 쩐 펌 나오
Vậy anh chọn phòng nào?

민호 아잉 쩐 펌 나이
Anh chọn phòng này.

새 단어

- lắm 람
  매우, 아주
- vậy 버이
  그러면

📖 한국어 뜻만 보고, 베트남어로 말하는 연습을 해 보세요!

마이 이 방은 어때요?

민호 이 방은 별로 넓지 않네.

마이 그럼 어떤 방을 선택할래요?

민호 이 방을 선택할게.

복습하며 풀어봐요!

1 질문에 알맞은 답변을 찾아 이어 보세요.

① Anh ấy có cao không?　•　　•Ⓐ Không, anh ấy không cao lắm.

② Chị uống gì?　•　　•Ⓑ Em không biết.

③ Em chọn cái nào?　•　　•Ⓒ Chị uống trà.

2 한국어 의미에 알맞은 베트남어 문장을 고르세요.

> • 당신은 어떤 사람을 만나요?

① Bạn gặp đâu nào?
② Bạn gặp người nào?
③ Bạn gặp cái nào?

3 다음 제시된 대화를 완성해 보세요.

Ⓐ **Món ăn này có ngon không?**

이 음식 맛있어요?

Ⓑ **Món ăn này**_____.

이 음식은 그렇게 맛있지 않아.

직접 쓰며 익히는 베트남어 표현

○ 어느 음료를 선택할래요?

Chị chọn đồ uống nào?

○ 그는 어떤 색을 좋아해요?

Anh ấy thích màu nào?

○ 너는 어느 학교 다녀?

Em học trường nào?

○ 당신은 어떤 꽃을 좋아해요?

Bạn thích loại hoa nào?

● 이것은 별로 저렴하지 않아요.

Cái này không rẻ lắm.

✏️

● 이것은 별로 비싸지 않아요.

Cái này không đắt lắm.

✏️

● 그녀는 그렇게 바쁘지 않아요.

Cô ấy không bận lắm.

✏️

● 그는 그렇게 키가 크지 않아요.

Anh ấy không cao lắm.

✏️

BÀI 09

나 밖이야.
Anh đang ở ngoài.

★ 학습 내용을 미리 살펴봐요!

오늘은 현재 하고 있는 상태나 상황을 표현하는 현재 시제와 대등한 관계의 문장을 연결하는 접속사를 배워보려고 합니다. 이 표현들을 배우고 나면 '나는 지금 일하고 있어', '그는 지금 친구 집에 있어'와 같이 현재의 상태를 표현하는 문장을 말할 수 있고, 접속사를 활용해 문장과 문장을 매끄럽게 이을 수 있습니다.

★ 주요 단어를 미리 확인해요! Track 09-01

đọc	**đợi**	**ngủ**	**nghĩ**
덥	더이	응우	응이
읽다	기다리다	잠자다	생각하다
sếp	**khách hàng**	**đẹp trai**	**tiếng Anh**
쎕	카익 항	댑 짜이	띠엥 아잉
상사	고객, 손님	잘생긴	영어

86 꼬수진과 함께 나의 첫번째 베트남어 수업

개념부터 알아봐요!

1 đang

시제 부사 'đang'은 현재 시점에서 진행 중인 동작이나 상태를 나타내며, 필요에 따라 시간 부사로 시제를 보완합니다.

① 'đang'은 동사 앞에 위치합니다.

주어 + đang + 동사.

Chị đang ăn phở bò.   나 소고기 쌀국수 먹는 중이야.

Tip

베트남어에서는 '어제, 내일, 아까, 잠시 후'와 같이 시간을 나타내는 표현이 문장 내에 있을 경우 시간 부사로 시제를 보완할 수 있으며, 시제 부사를 생략하기도 합니다.

• Tôi đã gặp bạn → Hôm qua tôi gặp bạn.   어제 저는 친구를 만났어요.

2 và

접속사 'và'는 '그리고', '~(와)과'라는 의미로 단어나 구, 문장을 연결할 때 사용합니다.

① 단어와 단어 사이에 위치해 '~(와)과'라는 의미를 나타냅니다.

단어1 + và + 단어2

Chị có nhà và xe máy.   나는 집과 오토바이가 있어.

② 문장과 문장 사이에 위치해 대등한 관계를 자연스럽게 이어줍니다.

문장1 + và + 문장2

Cô ấy thích đọc sách và anh ấy thích xem phim.
그녀는 책을 읽는 것을 좋아하고, 그는 영화를 보는 것을 좋아해요.

문장으로 연습해요!

오늘의 표현을 활용한 문장을 반복해서 읽어 보세요.

1. 찌 당 안 퍼 버
   Chị đang ăn phở bò.   나 소고기 쌀국수 먹는 중이야.

2. 찌 당 우옹 까 페
   Chị đang uống cà phê.   나 커피 마시는 중이야.

3. 반 당 더이 아이
   Bạn đang đợi ai?   당신은 지금 누구 기다려요?

4. 아잉 어이 당 응우
   Anh ấy đang ngủ.   그는 자고 있어.

5. 앰 당 응이 지
   Em đang nghĩ gì?   너 지금 무슨 생각해?

📢 6 찌 꺼 냐 바 쌔 마이
Chị có nhà và xe máy.   나는 집과 오토바이가 있어.

📢 7 찌 안 퍼 바 바잉 미
Chị ăn phở và bánh mì.   나는 쌀국수와 반미를 먹어.

📢 8 쎕 바 카익 항 당 더이 아잉
Sếp và khách hàng đang đợi anh.   사장님과 고객님이 기다리고 있어요.

📢 9 아잉 어이 까오 바 댑 짜이
Anh ấy cao và đẹp trai.   그는 키가 크고 잘생겼어요.

📢 10 앰 헙 띠엥 비엩 바 반 앰 헙 띠엥 아잉
Em học tiếng Việt và bạn em học tiếng Anh.
저는 베트남어를 배우고 제 친구는 영어를 배워요.

실전처럼 말해봐요!

🎧 Track 09-03

마이
알로 아잉 당 어 더우 테
A lô? Anh đang ở đâu thế?

민호
아잉 당 어 응오아이
Anh đang ở ngoài.

마이
쎕 바 카익 항 당 더이 아잉
Sếp và khách hàng đang đợi anh.

민호
으 앰
Ừ, em.

새 단어

- A lô 알 로
  여보세요
- thế 테
  그러면, 그래서, 그렇게(문미 조사)

📌 한국어 뜻만 보고, 베트남어로 말하는 연습을 해 보세요!

마이 여보세요? 어디세요?

민호 나 밖에 있는 중이야(밖이야).

마이 사장님과 고객님이 기다리고 있어요.

민호 응, 알았어.

🚩 **베트남어 더 알아봐요!** 'và'와 'còn'의 차이점

접속사 'và'는 '그리고', '그런데' 등의 의미로 해석되는 'còn'과 '그리고'라는 같은 의미를 가지지만, 숨은 의미가 조금 다릅니다. 또한 'còn'은 접속사로서의 역할만 하기 때문에 단어와 단어를 이어줄 수는 없는 차이점이 있습니다.
<và> - Tôi thích cà phê và anh ấy thích trà. 나는 커피를 좋아하고 그는 차를 좋아한다. (대등한 관계)
<còn> - Tôi thích cà phê, còn anh ấy thích trà. 나는 커피를 좋아하지만, 그는 차를 좋아한다. (상대방과의 대조를 강조, 비교성이 내포)

복습하며 풀어봐요!

1 다음 중 올바른 문장을 고르세요.

① Anh đang đọc sách.

② Anh đọc đang sách.

③ Đang anh đọc sách.

2 다음 문장을 'đang'과 'và'를 사용하여 완성해 보세요.

❶ 나는 지금 밥을 먹고 있고 물을 마시고 있다. (힌트 단어: anh, ăn cơm, uống nước)

▸ _____ .

*cơm (껌) 밥
*nước (느억) 물

❷ 그는 영어와 베트남어를 배우고 있다. (힌트 단어: anh ấy, học tiếng Anh, tiếng Việt)

▸ _____ .

3 다음 제시된 대화를 완성해 보세요.

🅐 Em _____ làm gì?

너 뭐 하고 있어?

*bài (바이) 과제
*nghe (응애) 듣다
*nhạc (냑) 음악

🅑 Em _____ học bài _____ nghe nhạc.

저는 공부도 하고 음악도 듣고 있어요.

직접 쓰며 익히는 베트남어 표현

◎ 나 소고기 쌀국수 먹는 중이야.

Chị đang ăn phở bò.

◎ 나 커피 마시는 중이야.

Chị đang uống cà phê.

◎ 당신은 지금 누구 기다려요?

Bạn đang đợi ai?

◎ 그는 자고 있어.

Anh ấy đang ngủ.

● 나는 집과 오토바이가 있어.

Chị có nhà và xe máy.

✎

● 나는 쌀국수와 반미를 먹어.

Chị ăn phở và bánh mì.

✎

● 그는 키가 크고 잘생겼어요.

Anh ấy cao và đẹp trai.

✎

● 저는 베트남어를 배우고 제 친구는 영어를 배워요.

Em học tiếng Việt và bạn em học tiếng Anh.

✎

BÀI 10

호찌민시로 갈 거야.
Anh sẽ đi thành phố Hồ Chí Minh.

10과 전체 음원

★ 학습 내용을 미리 살펴봐요!

오늘은 미래에 일어날 일을 표현하는 미래 시제와 어떠한 행동을 행하는 기간을 묻고 답하는 표현을 배워보려고 합니다. 이 표현들을 배우고 나면 '나는 호찌민시로 갈 거야', '나는 집을 살 거야'와 같이 미래형 문장을 말할 수 있고, '베트남어 얼마나 공부했어?'와 같이 기간에 대해 묻는 표현을 익힐 수 있습니다.

★ 주요 단어를 미리 확인해요!

 Track 10-01

thành phố Hồ Chí Minh 타잉 포 호 찌 밍 호찌민시	**du lịch** 주 릭 여행하다	**sau** 싸우 나중에, 뒤에	**vào** 바오 ~에(요일 등 시간을 나타내는 전치사)
cuối tuần 꾸오이 뚜언 주말	**lúc** 룹 ~에, 때(시간을 나타내는 전치사)	**giờ** 지어 시간, (몇) 시	**về nước** 베 느억 귀국하다
thăm 탐 방문하다	**ông bà** 옴 바 할아버지, 할머니	**dự án** 즈 안 프로젝트	**kéo dài** 깨오 자이 지연되다, 연장하다

94   꼬수진과 함께 나의 첫번째 베트남어 수업

개념부터 알아봐요!

1 sẽ

시제 부사 'sẽ'는 미래 시제를 나타내며, 미래에 일어날 일을 표현하거나 예고, 계획, 약속 등을 할 때 주로 사용됩니다. 문장 내에 미래 시간을 나타내는 단어가 있을 시 생략이 가능합니다.

❶ 'sẽ'는 동사 앞에 위치합니다.

> 주어 + sẽ + 동사.

Anh sẽ đi thành phố Hồ Chí Minh.   호찌민시로 갈 거야.
Anh sẽ đi du lịch.   나는 여행 갈 거야.

Tip
아래와 같은 시간 표현이 함께 사용될 경우 미래 시제를 생략할 수 있습니다.
- ngày mai (내일)
- tuần sau (다음 주)
- năm sau (내년)
- vào cuối tuần (주말에)
- lúc 3 giờ (3시에)

2 trong bao lâu

'trong bao lâu'는 '얼마나', '얼마 동안'이라는 의미로 시간이 지속되는 기간을 묻는 표현입니다. 전치사 'trong(~동안)'과 의문사 'bao lâu(얼마나 오래)'가 결합된 형태입니다.

❶ 'trong bao lâu'는 동사 뒤에 위치하며, 전치사 'trong'은 생략이 가능합니다.

> 주어 + 동사 + (trong) bao lâu?

Anh sẽ đi (trong) bao lâu?   얼마나 오래 가세요?
Anh sẽ đi du lịch (trong) bao lâu?   얼마나 오래 여행 갈 거예요?

❷ 숫자는 시간 표현 앞에 위치하며, 아래와 같이 나타낼 수 있습니다.

> 숫자 + tiếng(시) / ngày(일) / tuần(주) / tháng(달) / năm(년)

1 tiếng (1시간), 2 ngày (이틀), 3 tuần (3주), 4 tháng (4개월), 5 năm (5년)

문장으로 연습해요!

오늘의 표현을 활용한 문장을 반복해서 읽어 보세요.

아잉 쌔 베 느억
1 Anh sẽ về nước.　　　　　　　　　　나는 귀국할 거야.

앰 쌔 무어 냐
2 Em sẽ mua nhà.　　　　　　　　　　저는 집을 살 거예요.

아잉 쌔 디 주 릭
3 Anh sẽ đi du lịch.　　　　　　　　　나는 여행 갈 거야.

쭏 느어 앰 쌔 탐 옴 바
4 Chút nữa, em sẽ thăm ông bà.
이따가 저는 할아버지, 할머니를 뵈러 갈 거예요.

앰 쌔 쩐 까이 나이
5 Em sẽ chọn cái này.　　　　　　　　저는 이것을 선택할 거예요.

아잉 쌔 베 느억 쩜 바오 러우
6. **Anh sẽ về nước trong bao lâu?**   얼마나 오래동안 귀국할 거예요?

아잉 쌔 디 주 릭 쩜 바오 러우
7. **Anh sẽ đi du lịch trong bao lâu?**   얼마나 오래 여행 갈 거예요?

반 쌔 어 더이 쩜 바오 러우
8. **Bạn sẽ ở đây trong bao lâu?**   너는 여기에 얼마나 오래 있을 거야?

아잉 쌔 헙 띠엥 아잉 쩜 바오 러우
9. **Anh sẽ học tiếng Anh trong bao lâu?**   영어 얼마나 오래 배울 거예요?

즈 안 나이 쌔 깨오 자이 쩜 바오 러우
10. **Dự án này sẽ kéo dài trong bao lâu?**   이 프로젝트는 얼마 동안 지속되나요?

실전처럼 말해봐요!

🎧 Track 10-03

마이 아잉 쌔 디 꼼 딱 어 더우 아
Anh sẽ đi công tác ở đâu ạ?

민호 아잉 쌔 디 타잉 포 호 찌 밍
Anh sẽ đi thành phố Hồ Chí Minh.

마이 아잉 쌔 디 쩜 바오 러우 아
Anh sẽ đi trong bao lâu ạ?

민호 아잉 쌔 디 못 뚜언
Anh sẽ đi 1 tuần.

📖 새 단어

- công tác 꼼 딱
  출장, 출장 가다
- đâu 더우
  어디(의문사)

🔖 한국어 뜻만 보고, 베트남어로 말하는 연습을 해 보세요!

마이 어디로 출장 가세요?

민호 호찌민시로 갈 거야.

마이 얼마나 오래 가세요?

민호 일주일 갈 거야.

🇻🇳 베트남어 더 알아봐요!

'trong bao lâu'는 동사 앞 시제에 따라 과거 행동했던 기간을 물을 수도 있고, 향후 할 행동에 대한 기간을 물을 수도 있습니다.

예) · Anh đã đi du lịch Việt Nam trong bao lâu?   베트남 여행 얼마나 오래 다녀왔어요?

· Em sẽ đi du lịch Việt Nam trong bao lâu?   베트남 여행 얼마나 오래 갈 거야?

복습하며 풀어봐요!

1 다음 문장을 알맞게 해석한 것을 고르세요.

> • Anh sẽ đi du lịch trong bao lâu?

① 당신은 어디로 여행을 가요?
② 당신은 여행가는 것을 좋아해요?
③ 당신은 여행을 얼마나 오래 가요?

2 다음 빈칸에 들어갈 적절한 단어를 고르세요.

❶ Chị _____ làm việc ở công ty mới.   나는 새 회사에서 일할 예정이에요.

① đã
② đang
③ sẽ

❷ Họ _____ sống ở đây trong bao lâu?   그들은 여기서 얼마나 오래 살 예정인가요?

① sẽ
② đã
③ không

3 다음 제시된 대화를 완성해 보세요.

Ⓐ Chị sẽ học tiếng Hàn _____?

한국어 얼마나 오래 공부할 예정이에요?

Ⓑ Chị sẽ học _____.

2년 동안 공부할 거야.

직접 쓰며 익히는 베트남어 표현

▼ 저는 집을 살 거예요.

Em sẽ mua nhà.

✎

▼ 나는 여행 갈 거야.

Anh sẽ đi du lịch.

✎

▼ 이따가 저는 할아버지, 할머니를 봬러 갈 거예요.

Chút nữa, em sẽ thăm ông bà.

✎

▼ 저는 이것을 선택할 거예요.

Em sẽ chọn cái này.

✎

● 얼마나 오래 여행 갈 거예요?

Anh sẽ đi du lịch trong bao lâu?

● 너는 여기에 얼마나 오래 있을 거야?

Bạn sẽ ở đây trong bao lâu?

● 영어 얼마나 오래 배울 거예요?

Anh sẽ học tiếng Anh trong bao lâu?

● 이 프로젝트는 얼마 동안 지속되나요?

Dự án này sẽ kéo dài trong bao lâu?

BÀI 11

수영하러 가거나 골프 치러 갈 거야.
Anh sẽ đi bơi hoặc đi đánh gôn.

11과 전체 음원

★ 학습 내용을 미리 살펴봐요!

오늘은 미래의 계획, 의도 또는 결정을 표현할 때 사용하는 동사와 두 가지 이상의 옵션을 표현할 때 사용하는 접속사를 배워보려고 합니다. 이 표현들을 배우고 나면 '집에 가려고', '밥 먹으려고'와 같이 구체적인 미래 계획을 말할 수 있고, '나는 커피를 마시거나 반미를 먹을 거야'와 같이 선택지를 나타내는 표현을 익힐 수 있습니다.

★ 주요 단어를 미리 확인해요!

 Track 11-01

xe ôm	tắc-xi	Đà Nẵng	Nha Trang
쌔 옴	딱 씨	다 낭	냐 짱
오토바이 택시	택시	다낭	냐짱
siêu thị	trong nước	ra	nước ngoài
씨에우 티	쩜 느억	자	느억 응오아이
마트, 슈퍼	국내	나가다	외국, 해외

102 꼬수진과 함께 나의 첫번째 베트남어 수업

개념부터 알아봐요!

1 định

동사 'định'은 '~하려고 하다', '~할 계획이다'라는 뜻으로 미래의 계획, 의도 또는 결정을 나타냅니다.

① 'định'은 행동 동사 앞에 위치합니다.

> 주어 + định + 동사.

Em định đi xem phim.   영화 보러 갈 거예요.
Anh định ăn gì?   무엇을 먹으려고 해요?

2 hoặc

접속사 'hoặc'은 '또는', '혹은' 이라는 뜻으로 선택이나 대안 제시할 때 사용하며, 문어체와 구어체 모두 사용할 수 있습니다.

① 'hoặc'은 동사와 동사, 명사와 명사 사이 위치합니다.

> 동사 + hoặc + 동사 / 명사 + hoặc + 명사

Anh đi xe ôm hoặc tắc-xi.   쌔옴이나 택시로 가.
Anh đi Đà Nẵng hoặc Nha Trang.   다낭이나 냐짱으로 가.

문장으로 연습해요!

오늘의 표현을 활용한 문장을 반복해서 읽어 보세요.

앰   딩   디   갑   반
1. Em định đi gặp bạn.　　　　　　　　　친구 만나러 가려고 해요.

앰   딩   디   씨에우   티
2. Em định đi siêu thị.　　　　　　　　　마트에 가려고 해요.

찌   딩   디   냐   짱
3. Chị định đi Nha Trang.　　　　　　　나는 냐짱 가려고 해.

앰   딩   람   지
4. Em định làm gì?　　　　　　　　　　　너 뭐 하려고 해?

아잉   딩   안   지
5. Anh định ăn gì?　　　　　　　　　　　무엇을 먹으려 해요?

6. 아잉 디 쌔 옴 호악 딱 씨
Anh đi xe ôm hoặc tắc-xi.
쌔옴이나 택시로 가.

7. 아잉 디 다 낭 호악 냐 짱
Anh đi Đà Nẵng hoặc Nha Trang.
다낭이나 냐짱으로 가.

8. 앰 우옹 짜 호악 까 페
Em uống trà hoặc cà phê.
저는 차 아니면 커피를 마셔요.

9. 꾸오이 뚜언 나이 앰 쌔 갑 반 호악 쌤 핌
Cuối tuần này, em sẽ gặp bạn hoặc xem phim.
이번 주말에 저는 친구를 만나거나 영화를 볼 거예요.

10. 아잉 어이 무온 디 주 릭 쩜 느억 호악 자 느억 응오아이
Anh ấy muốn đi du lịch trong nước hoặc ra nước ngoài.
그는 국내 여행이나 해외 여행을 가고 싶어 해요.

실전처럼 말해봐요!

🎧 Track 11-03

민호: Cuối tuần này, em định làm gì?
(꾸오이 뚜언 나이 앰 딩 람 지)

마이: Em định đi xem phim. Còn anh?
(앰 딩 디 쌤 핌 껀 아잉)

민호: Anh sẽ đi bơi hoặc đi đánh gôn.
(아잉 쌔 디 버이 호악 디 다잉 곤)

마이: Dạ, chúc anh cuối tuần vui vẻ!
(자 쭙 아잉 꾸오이 뚜언 부이 배)

새 단어
- bơi 버이
  수영하다
- đánh gôn 다잉 곤
  골프 치다
- chúc 쭙
  바라다, 기원하다
- vui vẻ 부이 배
  즐거운

🔖 한국어 뜻만 보고, 베트남어로 말하는 연습을 해 보세요!

민호: 이번 주말에, 뭐 할 거야?

마이: 영화 보러 갈 거예요. 당신은요?

민호: 나는 수영하러 가거나 골프 치러 갈 거야.

마이: 네, 주말 잘 보내세요!

베트남어 더 알아봐요! 'sẽ'와 'định'의 차이점

미래 시제 'sẽ'와 'định'은 모두 동사 앞에 붙어 미래에 관련된 표현을 할 수 있지만, 의미와 사용 방법의 차이가 있습니다.

\<sẽ\> - 단순히 미래 시점을 나타내며 의도나 계획보다는 사실적 진술에 가까움
\<định\> - 구체적 계획이나 의도가 강조

	định	sẽ
의미	의도, 계획	단순한 미래 사실
뉘앙스	주체의 구체적인 계획이나 의도 강조	미래 행동에 대한 설명

예) · Chúng tôi sẽ kết hôn. 우리는 결혼할 것이다. (단순히 미래에 결혼한다는 사실 표현)
· Chúng tôi định kết hôn. 우리는 결혼할 계획이다. (구체적으로 결혼을 준비함을 표현)

*kết hôn (깯 혼)
결혼하다

복습하며 풀어봐요!

1 다음 베트남어 문장을 한국어로 올바르게 표현한 것을 고르세요.

> • Anh định học tiếng Việt hoặc tiếng Anh.

① 나는 베트남어 또는 영어를 공부할 계획이야.
② 나는 베트남어 또는 영어를 공부하고 있어.
③ 나는 베트남어 또는 영어를 공부하기 싫어.

2 다음 제시된 단어를 어순에 알맞게 배열해 보세요.

❶ anh / Đà Nẵng / Nha Trang / đi / hoặc   다낭이나 냐짱으로 가.

_____.

❷ định / bạn gái / anh ấy / đi / gặp   그는 여자친구를 만날 계획이야.

*bạn gái (반 가이) 여자친구

_____.

3 다음 제시된 대화를 완성해 보세요.

Ⓐ Hôm nay em _____?
너 오늘 뭐 할 거야?

Ⓑ Hôm nay em _____.
오늘 커피나 차 마시러 가려고요.

BÀI11 수영하러 가거나 골프 치러 갈 거야. 107

직접 쓰며 익히는 베트남어 표현

◎ 마트에 가려고 해요.

Em định đi siêu thị.

◎ 나는 냐짱 가려고 해.

Chị định đi Nha Trang.

◎ 너 뭐 하려고 해?

Em định làm gì?

◎ 무엇을 먹으려 해요?

Anh định ăn gì?

◉ 쌔옴이나 택시로 가.

Anh đi xe ôm hoặc tắc-xi.

✎

◉ 저는 차 아니면 커피를 마셔요.

Em uống trà hoặc cà phê.

✎

◉ 이번 주말에 저는 친구를 만나거나 영화를 볼 거예요.

Cuối tuần này, em sẽ gặp bạn hoặc xem phim.

✎

◉ 그는 국내 여행이나 해외 여행을 가고 싶어 해요.

Anh ấy muốn đi du lịch trong nước hoặc ra nước ngoài.

✎

BÀI 12

지금은 3시 15분이에요.
Bây giờ là 3 giờ 15 phút.

★ 학습 내용을 미리 살펴봐요!

오늘은 '몇'이라는 수량을 나타내는 의문사를 활용해 시간을 묻고 답하는 표현을 배워보려고 합니다. 이 표현들을 배우고 나면 '몇 시에 가?', '지금은 3시 10분이야'와 같이 시간에 대해 묻고 답하는 문장을 말할 수 있게 됩니다.

★ 주요 단어를 미리 확인해요!

 Track 12-01

bây giờ	mở	cửa	tan làm
버이 지어	머	끄어	딴 람
지금	열다	문	퇴근하다
chúng ta	trưa	xuất phát	rưỡi
쭘 따	쯔어	쑤얻 팓	즈어이
듣는 사람이 포함된 우리	점심	출발하다	반(어느 단위의 절반)

개념부터 알아봐요!

1 mấy giờ?

의문사 'mấy'는 '몇'이라는 의미로 10 이하의 숫자를 묻는 수량 의문사입니다. 이때 '시간'을 나타내는 'giờ'와 결합하여 '몇 시예요?'를 뜻하는 문장을 만들 수 있습니다.

① 시간을 물을 때는 '지금'을 의미하는 'bây giờ'와 결합하여 사용합니다.

$$\text{Bây giờ là + mấy giờ?}$$

② 미래에 일어날 행동에 대한 시간을 물을 때는 미래 시제 'sẽ'와 결합하여 사용합니다.

$$\text{Mấy giờ + 주어 + (sẽ) + 동사?}$$

Mấy giờ mở cửa?	몇 시에 문을 열어요?
Mấy giờ em sẽ tan làm?	몇 시에 퇴근해?

2 giờ, phút, giây

'giờ', 'phút', 'giây'는 각각 '시', '분', '초'를 의미하며 '몇 시 몇 분 (몇 초)'을 표현할 때 사용합니다.

① 시간에 대한 질문에 답할 때는 시간 표현 앞에 숫자를 넣어줍니다.

$$\text{Bây giờ là + 숫자 + giờ (숫자 + phút).}$$

Bây giờ là 3 giờ 15 phút ạ.	지금은 3시 15분이에요.
Bây giờ là 4 giờ 45 phút.	지금은 4시 45분이에요.
Bây giờ là 7 giờ 20 phút.	지금은 7시 20분이에요.

문장으로 연습해요!

오늘의 표현을 활용한 문장을 반복해서 읽어 보세요.

머이 지어 찌 디 람
1. **Mấy giờ chị đi làm?**   몇 시에 출근해요?

머이 지어 찌 딴 람
2. **Mấy giờ chị tan làm?**   몇 시에 퇴근해요?

버이 지어 라 머이 지어
3. **Bây giờ là mấy giờ?**   지금은 몇 시예요?

머이 지어 쭘 따 안 쯔어
4. **Mấy giờ chúng ta ăn trưa?**   우리 몇 시에 점심 먹을까?

머이 지어 쭘 따 쑤얻 팓
5. **Mấy giờ chúng ta xuất phát?**   우리 몇 시에 출발해?

6. 버이 지어 라 본 지어 본므어이람 풑
Bây giờ là 4 giờ 45 phút.
지금은 4시 45분이에요.

7. 버이 지어 라 바이 지어 하이므어이 풑
Bây giờ là 7 giờ 20 phút.
지금은 7시 20분이에요.

8. 버이 지어 라 므어이 지어 바므어이 풑
Bây giờ là 10 giờ 30 phút.
지금은 10시 30분이에요.

9. 앰 쌔 디 응우 룹 므어이몯 지어 아
Em sẽ đi ngủ lúc 11 giờ ạ.
저는 11시에 자러 갈 거예요.

10. 본 지어 즈어이
4 giờ rưỡi.
4시 반.

실전처럼 말해봐요!

🎧 Track 12-03

민호 버이 지어 라 머이 지어
Bây giờ là mấy giờ?

마이 버이 지어 라 바 지어 므어이람 푿
Bây giờ là 3 giờ 15 phút.

민호 머이 지어 쭘 따 쌔 헙
Mấy giờ chúng ta sẽ họp?

마이 본 지어 아
4 giờ ạ.

📖 **새 단어**
- họp 헙
  회의하다, 모이다

🚩 한국어 뜻만 보고, 베트남어로 말하는 연습을 해 보세요!

민호 지금 몇 시야?

마이 지금은 3시 15분이에요.

민호 우리 몇 시에 회의할 거야?

마이 4시요.

🇻🇳 **베트남어 더 알아봐요!** 시간에 대한 질문에 대답하기

미래에 일어날 행동에 대한 시간에 대한 물음은 간단하게 '숫자 + giờ (숫자 + phút)'으로 표현할 수 있습니다.

예) Mấy giờ chúng ta sẽ họp?   우리 몇 시에 회의할 거야?
    4 giờ ạ.   4시요.

복습하며 풀어봐요!

1 다음 빈칸에 공통적으로 들어갈 단어를 고르세요.

> • Bây giờ là _____ giờ?
> • _____ giờ chúng ta sẽ gặp?

① hai   ② bao nhiêu   ③ mấy

2 다음 제시된 문장을 보고 제시어를 사용해 답변을 완성해 보세요.

❶ Bây giờ là mấy giờ? (7시 20분)

　답변▶ Bây giờ là _____.

❷ Mấy giờ em tan làm? (6시)

　답변▶ _____.

3 다음 제시된 대화를 완성해 보세요.

Ⓐ _____?
지금 몇 시야?

Ⓑ Bây giờ là _____.
지금은 10시 반이야.

BÀI12 지금은 3시 15분이에요. 115

직접 쓰며 익히는 베트남어 표현

◎ 몇 시에 출근해요?

Mấy giờ chị đi làm?

✎

◎ 몇 시에 퇴근해요?

Mấy giờ chị tan làm?

✎

◎ 우리 몇 시에 점심 먹을까?

Mấy giờ chúng ta ăn trưa?

✎

◎ 우리 몇 시에 출발해?

Mấy giờ chúng ta xuất phát?

✎

◉ 지금은 4시 45분이에요.

Bây giờ là 4 giờ 45 phút.

◉ 지금은 7시 20분이에요.

Bây giờ là 7 giờ 20 phút.

◉ 저는 11시에 자러 갈 거예요.

Em sẽ đi ngủ lúc 11 giờ ạ.

◉ 4시 반.

4 giờ rưỡi.

BÀI 13

한가할 때 뭐 해?
Khi rảnh, em làm gì?

13과 전체 음원

★ 학습 내용을 미리 살펴봐요!

오늘은 시간, 조건 또는 사건이 발생한 시점을 표현하는 전치사와 요일을 표현하는 단어를 배워보려고 합니다. 이 표현들을 배우고 나면 '한가할 때 뭐 해?', '공부할 때 음악을 들어'와 같이 시간적 조건이나 상황을 표현할 수 있고, 월요일부터 일요일까지 말할 수 있게 됩니다.

★ 주요 단어를 미리 확인해요!

Track 13-01

rảnh	làm việc	thư viện	thường
자잉	람 비엑	트 비엔	트엉
한가한	일하다	도서관	보통의, 자주
mua sắm	còn	nhỏ	nói chuyện
무어 쌈	껀	녀	너이 쭈이엔
쇼핑하다	여전히	어린, 작은	이야기하다
tập	tuần	trước	qua
떱	뚜언	쯔억	꾸아
연습하다	주	이전, 먼저	지난

개념부터 알아봐요!

1 khi

전치사 'khi'는 '~할 때'라는 뜻으로 시간적 조건이나 상황을 나타내는 역할을 합니다. 이외에도 'khi'는 다양한 품사로 사용되는데 접속사 또는 부사적인 역할을 하기도 합니다.

① 'khi'는 시간적 조건이나 상황에 해당하는 문장 앞에 위치하며, 뒷 문장과 주어가 동일할 경우 주어를 생략할 수 있습니다.

khi + (주어) + 동사, 주어 + 동사.

Khi rảnh, em làm gì?	한가할 때 뭐 해?
Khi làm việc, em uống cà phê.	일할 때 저는 커피를 마셔요.

2 요일

요일은 'thứ(요일, 순서)와 숫자(서수)를 결합하여 표현합니다.

① 월요일은 'hai(2)'로 시작하며, 수요일(thứ tư)을 제외하고는 모두 기수와 동일하게 사용됩니다.

thứ hai	thứ ba	thứ tư	thứ năm	thứ sáu	thứ bảy	chủ nhật
월요일	화요일	수요일	목요일	금요일	토요일	일요일

Thứ bảy, anh có rảnh không?	토요일에 시간 있으세요?
Thứ tư, em đi thư viện.	수요일에 저는 도서관에 가요.

문장으로 연습해요!

오늘의 표현을 활용한 문장을 반복해서 읽어 보세요.

📢 1
키 람 비엑 앰 우옹 까 페
Khi làm việc, em uống cà phê.   일할 때 저는 커피를 마셔요.

📢 2
키 람 비엑 앰 응애 냑
Khi làm việc, em nghe nhạc.   일할 때 저는 음악을 들어요.

📢 3
키 자잉 찌 트엉 디 무어 쌈
Khi rảnh, chị thường đi mua sắm.   한가할 때 나는 보통 쇼핑하러 가.

📢 4
키 껀 녀 앰 틱 디 주 릭
Khi còn nhỏ, em thích đi du lịch.   어릴 때 저는 여행 가는 것을 좋아했어요.

📢 5
키 안 껌 앰 콤 너이 쭈이엔
Khi ăn cơm, em không nói chuyện.   밥 먹을 때 저는 이야기를 하지 않아요.

🔊 **6** 트 뜨 앰 디 쌤 핌
Thứ tư, em đi xem phim.

수요일에 저는 영화 보러 가요.

🔊 **7** 쭈 녇 앰 디 씨에우 티
Chủ nhật, em đi siêu thị.

일요일에 저는 마트에 가요.

🔊 **8** 트 뜨 찌 디 떱 요가
Thứ tư, chị đi tập yoga.

수요일에 나는 요가하러 가.

🔊 **9** 트 싸우 뚜언 쯔억 앰 갑 반
Thứ sáu tuần trước, em gặp bạn.

지난주 금요일에 저는 친구를 만났어요.

🔊 **10** 트 하이 꽈 찌 콤 디 람
Thứ hai qua, chị không đi làm.

지난 월요일에 나는 출근을 안 했어.

실전처럼 말해봐요!

🎧 Track 13-03

민호
키 자잉 앰 람 지
Khi rảnh, em làm gì?

마이
키 자잉 앰 디 답 쌔
Khi rảnh, em đi đạp xe.

민호
아잉 꿈 틱 답 쌔
Anh cũng thích đạp xe.

마이
버이 트 바이 뚜언 나이 아잉 꺼 자잉 콤
Vậy, thứ bảy tuần này anh có rảnh không?

새 단어

- đạp xe 답 쌔
  자전거 타다
- đạp 답
  밟다
- xe đạp 쌔 답
  자전거

🔖 한국어 뜻만 보고, 베트남어로 말하는 연습을 해 보세요!

민호 한가할 때 뭐 해?

마이 한가할 때 저는 자전거를 타러 가요.

민호 나도 자전거 타는 거 좋아해.

마이 그럼 이번 주 토요일에 시간 있으세요?

🇻🇳 베트남어 더 알아봐요!

베트남에서 일요일은 특별히 'chủ nhật'(主日, 주일)이라고 표현합니다.
이는 주의 시작을 의미하며, 일요일은 베트남에서 전통적으로 한 주의 첫째 날로 간주됩니다. 따라서 월요일은 주의 두 번째 날인, 'thứ hai' 라고 표현합니다.

복습하며 풀어봐요!

1 다음 문장을 한국어로 해석하세요.

❶ Khi tôi còn nhỏ, tôi rất thích đọc sách.

_____ .

❷ Khi ăn cơm, tôi thường xem ti-vi.

*ti-vi (띠 비) 텔레비전

_____ .

2 해석을 보고 빈칸에 들어갈 알맞은 요일을 고르세요.

❶ (   ), tôi đi làm.   월요일에 나는 출근해.

① thứ hai
② thứ ba
③ thứ tư

❷ (   ), chúng tôi đi du lịch.   토요일에 우리는 여행 가.

① chủ nhật
② thứ bảy
③ thứ sáu

3 다음 제시된 대화를 완성해 보세요.

Ⓐ _____ , em thường _____ ?

밥 먹을 때 보통 뭐 해?

Ⓑ Khi ăn cơm, em không _____ .

밥 먹을 때 저는 이야기를 하지 않아요.

직접 쓰며 익히는 베트남어 표현

◐ 일할 때 저는 커피를 마셔요.

Khi làm việc, em uống cà phê.

◐ 일할 때 저는 음악을 들어요.

Khi làm việc, em nghe nhạc.

◐ 어릴 때 저는 여행 가는 것을 좋아했어요.

Khi còn nhỏ, em thích đi du lịch.

◐ 밥 먹을 때 저는 이야기를 하지 않아요.

Khi ăn cơm, em không nói chuyện.

◎ 일요일에 저는 마트에 가요.

Chủ nhật, em đi siêu thị.

◎ 수요일에 나는 요가하러 가.

Thứ tư, chị đi tập yoga.

◎ 지난주 금요일에 저는 친구를 만났어요.

Thứ sáu tuần trước, em gặp bạn.

◎ 지난 월요일에 나는 출근을 안 했어.

Thứ hai qua, chị không đi làm.

BÀI 14

생수 주문했어?
Em đã đặt nước chưa?

14과 전체 음원

⭐ 학습 내용을 미리 살펴봐요!

오늘은 과거에 어떤 행동이나 사건이 완료되었는지 묻는 과거 완료 문형과 가까운 과거에 일어난 일 또는 사건을 표현할 때 사용하는 근접 과거 시제를 배워보려고 합니다. 이 표현들을 배우고 나면 '밥 먹었어?', '이해했어?'나 '방금 막 일어났어'와 같은 문장을 말할 수 있게 됩니다.

⭐ 주요 단어를 미리 확인해요!

đặt 닷 주문하다, 예약하다	đồ ăn 도 안 음식	dọn 전 청소하다, 정리하다	gửi 그이 보내다
tính tiền 띵 띠엔 계산하다	thuốc 투옥 약	đến 덴 오다, 가다	rửa 즈어 씻다
tay 따이 손	thức dậy 특 저이 일어나다	sửa 쓰어 고치다, 수리하다	đồng hồ 돔 호 시계

개념부터 알아봐요!

1 đã…chưa?

'đã…chưa?' 의문문 형식은 말하는 시점을 기준으로 어떠한 행동의 완료 여부를 물을 때 사용하는 표현입니다. 한국어로는 '~했어?' 또는 '이미 ~했니?'라는 의미로, 'đã'는 생략해서 사용할 수 있습니다.

❶ 'đã'와 'chưa' 사이에 동사를 넣어 활용합니다.

> 주어 + (đã) + 동사 + chưa?

Anh đã ăn cơm chưa?	밥 먹었어요?
Anh đã đặt đồ ăn chưa?	음식 주문했어요?

❷ 긍정으로 대답할 때에는 완료를 나타내는 'rồi'를 사용하고, 부정으로 대답할 때에는 미완료를 나타내는 'chưa'를 사용합니다.

> 😀 긍정 Rồi. 주어 + (đã) + 서술어 + rồi.
> ☹ 부정 Chưa. 주어 + chưa + 서술어.

Rồi. Em đã đặt rồi.	네. 주문했어요.
Chưa. Em chưa đặt.	아직이요. 아직 주문 안 했어요.

2 vừa mới

시제 부사 'vừa mới'는 '지금 막', '방금(막)'의 의미를 나타내는 근접 과거 시제로, 보통 완료를 나타내는 'rồi'와 함께 사용합니다. 'vừa'와 'mới'는 나란히 붙여 사용할 수 있으며, 둘 중 하나만 사용해도 그 의미는 같습니다.

❶ 'vừa mới'는 서술어 앞에 위치합니다.

> 주어 + vừa mới + 서술어 + rồi.

Em vừa (vừa mới / mới) dọn phòng rồi.	지금 막 방 청소했어요.
Em vừa (vừa mới / mới) gửi email rồi.	방금 막 이메일 보냈어요.

문장으로 연습해요!

오늘의 표현을 활용한 문장을 반복해서 읽어 보세요.

아잉 다 안 껌 쯔어
1. Anh đã ăn cơm chưa?   밥 먹었어요?

아잉 다 닫 도 안 쯔어
2. Anh đã đặt đồ ăn chưa?   음식 주문했어요?

반 다 띵 띠엔 쯔어
3. Bạn đã tính tiền chưa?   계산했어?

앰 다 우옹 투옥 쯔어
4. Em đã uống thuốc chưa?   약 먹었어?

찌 다 덴 쯔어
5. Chị đã đến chưa?   도착했어요?

Track 14-02

아잉 브어 안 껌 조이
6 Anh vừa ăn cơm rồi.

방금 막 밥 먹었어.

아잉 머이 닫 도 안 조이
7 Anh mới đặt đồ ăn rồi.

방금 막 음식 주문했어.

찌 브어 머이 즈어 따이 조이
8 Chị vừa mới rửa tay rồi.

나 방금 손 씻었어.

찌 어이 브어 머이 특 저이 조이
9 Chị ấy vừa mới thức dậy rồi.

그녀는 방금 일어났어.

아잉 어이 브어 머이 쓰어 돔 호 조이
10 Anh ấy vừa mới sửa đồng hồ rồi.

그는 방금 시계를 수리했어.

실전처럼 말해봐요!

🎧 Track 14-03

민호 앰 다 닫 느억 쯔어
Em đã đặt nước chưa?

마이 앰 브어 머이 닫 조이 아
Em vừa mới đặt rồi ạ.

민호 마이 꾸아
May quá!

마이 아잉 더이 몯 쭏 아
Anh đợi một chút ạ.

새 단어
- may 마이
  행운
- quá 꾸아
  너무

🔖 한국어 뜻만 보고, 베트남어로 말하는 연습을 해 보세요!

민호 생수 주문했어?

마이 방금 막 주문했어요.

민호 다행이다!

마이 조금만 기다려 주세요.

복습하며 풀어봐요!

1 다음 중 올바른 문장을 고르세요.

❶ ① Tôi vừa mới ăn cơm.
② Tôi mới vừa ăn cơm.

❷ ① Cô ấy mới đọc xong cuốn sách.
② Cô ấy đọc mới xong cuốn sách.

*xong (썽) 끝내다, 마치다
*cuốn (꾸온) 권(책 등에 사용하는 종별사)

2 다음 제시된 단어를 어순에 알맞게 배열해 보세요.

❶ bạn / chưa / uống / thuốc / đã   약 먹었어?

_____ ?

❷ đã / mẹ / đi / chưa / chợ   시장 가셨어요?

_____ ?

3 다음 제시된 대화를 완성해 보세요.

Ⓐ Con _____ ?

너 숙제했어?

*làm bài tập (람 바이 떱) 숙제하다

Ⓑ Vâng, con _____ .

네, 저는 막 숙제했어요.

직접 쓰며 익히는 베트남어 표현

◉ 음식 주문했어요?

Anh (đã) đặt đồ ăn chưa?

🖉

◉ 계산했어?

Bạn (đã) tính tiền chưa?

🖉

◉ 약 먹었어?

Em (đã) uống thuốc chưa?

🖉

◉ 도착했어요?

Chị (đã) đến chưa?

🖉

◆ 방금 막 음식 주문했어.

Anh mới đặt đồ ăn rồi.

✎

◆ 나 방금 손 씻었어.

Chị vừa mới rửa tay rồi.

✎

◆ 그녀는 방금 일어났어.

Chị ấy vừa mới thức dậy rồi.

✎

◆ 그는 방금 시계를 수리했어.

Anh ấy vừa mới sửa đồng hồ rồi.

✎

BÀI 15

어플로 음식 주문해 본 적 있으세요?
Anh (đã) từng gọi đồ ăn qua app chưa?

15과 전체 음원

★ 학습 내용을 미리 살펴봐요!

오늘은 과거의 경험 유무를 묻는 의문문 형식과 현재 또는 미래의 욕구나 의지를 표현할 때 사용하는 동사에 대해 배워보려고 합니다. 이 표현들을 배우고 나면 '베트남에 가 본 적 있어?', '쌀국수 먹어 본 적 있어?'와 같이 특정 상황에 대한 경험을 묻거나, '나는 쌀국수를 먹고 싶어'와 같이 소망을 표현하는 문장을 말할 수 있게 됩니다.

★ 주요 단어를 미리 확인해요!

Track 15-01

bánh xèo	bát	bóng bàn	một mình
바잉 쎄오	밭	봄 반	몯 밍
반쎄오 (쌀가루 반죽에 해산물, 고기, 숙주 등을 넣어 부친 음식)	그릇	탁구	혼자

trà sữa	biển	vé	máy bay
짜 쓰어	비엔	배	마이 바이
밀크티	바다	표, 티켓	비행기

개념부터 알아봐요!

1 đã từng…chưa?

'đã từng…chưa' 의문문 형식은 과거의 경험을 묻는 표현으로 '~해 본 적 있어?'와 같이 해석할 수 있습니다. 이때 'đã'는 생략해서 사용할 수 있습니다.

❶ 'đã từng'과 'chưa' 사이에 동사를 넣어 활용합니다.

주어 + (đã) từng + 동사 + chưa?

Chị (đã) từng ăn bánh xèo chưa?   반쨔오 먹어본 적 있어요?

❷ 긍정으로 대답할 때에는 'rồi'를, 부정으로 대답할 때에는 'chưa'를 사용합니다.

😁 긍정   Rồi, 주어 + (đã) từng + 동사.
😟 부정   Chưa, 주어 + chưa từng + 동사.

Em đã từng đến Việt Nam chưa?   베트남 가 본 적 있어?
Rồi, em đã từng đến Việt Nam.   네, 저는 베트남에 가 본 적이 있어요.
Chưa, em chưa từng đến Việt Nam.   아니요, 저는 아직 베트남에 가 본 적이 없어요.

2 muốn

동사 'muốn'은 '원하다', '~하고 싶다'라는 의미로 소망이나 의지를 표현할 때 사용합니다.

❶ 명사 앞에 위치하여 '명사를 원하다, 명사를 가지고 싶다'라는 의미를 가집니다.

주어 + muốn + 명사.

Anh ấy muốn một bát phở.   그는 쌀국수 한 그릇을 원해요.

❷ 동사 앞에 위치하여 '행동을 하고 싶다'라는 의미를 가집니다.

주어 + muốn + 동사.

Anh muốn ăn gì?   무엇을 먹고 싶어요?

문장으로 연습해요!

오늘의 표현을 활용한 문장을 반복해서 읽어 보세요.

찌 다 뜽 안 바잉 쌔오 쯔어
1. Chị đã từng ăn bánh xèo chưa?   반쌔오 먹어 본 적 있어요?

찌 다 뜽 디 쌔 마이 쯔어
2. Chị đã từng đi xe máy chưa?   오토바이 타 본 적 있어요?

앰 다 뜽 덴 비엩 남 쯔어
3. Em đã từng đến Việt Nam chưa?   베트남 와 본 적 있어?

앰 다 뜽 쩌이 봄 반 쯔어
4. Em đã từng chơi bóng bàn chưa?   탁구 쳐 본 적 있어?

찌 다 뜽 쏨 몯 밍 쯔어
5. Chị đã từng sống một mình chưa?   혼자 살아 본 적 있어요?

> Track 15-02

찌 무온 디 주 릭 하 노이
6 Chị muốn đi du lịch Hà Nội.　　　하노이 여행 가고 싶어.

찌 무온 우옹 비어 하 노이
7 Chị muốn uống bia Hà Nội.　　　하노이 맥주 마시고 싶어.

아잉 무온 짜 쓰어
8 Anh muốn trà sữa.　　　나는 밀크티를 원해.

찌 무온 디 비엔
9 Chị muốn đi biển.　　　나는 바다에 가고 싶어.

앰 무온 무어 배 마이 바이
10 Em muốn mua vé máy bay.　　　저는 비행기 티켓을 사고 싶어요.

실전처럼 말해봐요!

🎧 Track 15-03

마이: Anh (đã) từng gọi đồ ăn qua app chưa?
   아잉 다 뜽 거이 도 안 꾸아 앱 쯔어

민호: Chưa. Có khó không?
   쯔어 꺼 커 콤

마이: Không khó ạ. Anh có muốn thử không?
   콤 커 아 아잉 꺼 무온 트 콤

민호: Ừ, có.
   으 꺼

📖 새 단어

- **gọi** 거이
  주문하다, 부르다
- **qua** 꾸아
  ~(을)를 통해서, 통과하다
- **khó** 커
  어려운
- **thử** 트
  ~해 보다, 시도하다

🔖 한국어 뜻만 보고, 베트남어로 말하는 연습을 해 보세요!

마이: 어플로 음식 주문해 본 적 있으세요?

민호: 아직. 어려워?

마이: 안 어려워요. 주문해 보고 싶으세요?

민호: 응, 해볼래.

🇻🇳 베트남어 더 알아봐요! 'đã'와 'rồi'의 차이점

'đã'는 과거 경험을 강조하며 질문에서 주로 사용됩니다. 반면, 대답에서는 'rồi'를 활용하여 '이미 했다'는 완료의 의미를 전달합니다.

복습하며 풀어봐요!

1 질문에 알맞은 답변을 찾아 이어 보세요.

① Bạn đã từng học tiếng Anh chưa?

② Anh muốn mua gì?

③ Em đã từng gặp anh ấy chưa?

Ⓐ Anh muốn mua một cái bút.
　*bút (붇) 펜

Ⓑ Rồi, em đã từng gặp anh ấy.

Ⓒ Chưa, tôi chưa từng học tiếng Anh.

2 다음 제시된 문장을 베트남어로 바꿔 써 보세요.

① 저는 영화 보러 가고 싶어요. (힌트 단어: muốn)
▶ _____ .

② 당신은 영화 보러 가 본 적이 있어요? (힌트 단어: đã…chưa)
▶ _____ ?

③ 나는 어플로 음식 주문을 해 봤어. (힌트 단어: đã…rồi)
▶ _____ .

3 다음 제시된 대화를 완성해 보세요.

Ⓐ _____ .
나 어플로 음식 주문하고 싶어.

Ⓑ _____ ?
어플로 음식 주문해 본 적 있으세요?

직접 쓰며 익히는 베트남어 표현

▽ 오토바이 타 본 적 있어요?

Chị đã từng đi xe máy chưa?

▽ 베트남 와 본 적 있어?

Em đã từng đến Việt Nam chưa?

▽ 탁구 쳐 본 적 있어?

Em đã từng chơi bóng bàn chưa?

▽ 혼자 살아 본 적 있어요?

Chị đã từng sống một mình chưa?

● 하노이 여행 가고 싶어.

Chị muốn đi du lịch Hà Nội.

● 하노이 맥주 마시고 싶어.

Chị muốn uống bia Hà Nội.

● 나는 밀크티를 원해.

Anh muốn trà sữa.

● 저는 비행기 티켓을 사고 싶어요.

Em muốn mua vé máy bay.

BÀI 16 휴가에 뭐 할 거야?
Vào kỳ nghỉ, em sẽ làm gì?

⭐ 학습 내용을 미리 살펴봐요!

오늘은 시간, 요일, 날짜 앞에 사용하는 전치사와 '자주'의 의미를 지닌 빈도 부사에 대해 배워보려고 합니다. 이 표현들을 배우고 나면 '주말에 뭐 할 거야?', '다음 주에 베트남에 가요'와 같이 구체적인 시간, 날짜 등을 표현할 수 있고, '나는 보통 다이어트해'와 같이 행동의 빈도를 표현하는 문장을 말할 수 있게 됩니다.

⭐ 주요 단어를 미리 확인해요!

 Track 16-01

kỳ nghỉ	tập thể dục	sáng nay	lớp học
끼 응이	떱 테 줍	쌍 나이	럽 헙
휴가	운동하다	오늘 아침	수업, 교실
ăn kiêng	dịp Tết	tốt nghiệp	năm ngoái
안 끼엥	집 뗃	똗 응이엡	남 응오아이
다이어트하다	설	졸업하다	작년
họ	liên lạc	nhau	ăn ngoài
허	리엔 락	냐우	안 응오아이
그들	연락하다	서로	외식하다

개념부터 알아봐요!

1 vào

전치사 'vào'는 '~에'라는 의미로 날짜, 요일, 시간대 등을 구체적으로 표현할 수 있습니다.

❶ 'vào'는 문장 앞, 뒤에 모두 사용할 수 있습니다.

> 주어 + 동사 + vào + 특정일/날짜/요일.
> Vào + 특정일/날짜/요일 + 주어 + 동사.

Vào kỳ nghỉ, em sẽ làm gì? 　　휴가에 뭐 할 거야? (특정일)
Vào cuối tuần, em sẽ tập thể dục. 　주말에 운동할 거예요. (요일)
Anh ấy kết hôn vào tháng 12. 　　그는 12월에 결혼해요. (날짜)

❷ 구어체에서는 'vào'가 종종 생략될 수 있습니다.

– 나는 오늘 아침에 일하러 갔어. 　　– 월요일에 저는 수업이 있어요.
문어체: Anh đi làm vào sáng nay. 　문어체: Vào thứ hai, em có lớp học.
구어체: Anh đi làm sáng nay. 　　구어체: Thứ hai, em có lớp học.

Tip 일반적인 시간 표현에서는 'vào'를 생략할 수 있지만, 특정 시간이나 날짜에서는 생략하지 않습니다.
• Em sinh vào ngày mùng 5 tháng 5. 　저는 5월 5일에 태어났어요.

2 thường xuyên

빈도 부사 'thường xuyên'은 행동이나 사건의 발생 빈도를 나타내는 부사로 '자주', '규칙적인' 등의 의미를 나타냅니다.

❶ 'thường xuyên'은 동사 앞 또는 뒤에 위치합니다.

> 주어 + thường xuyên + 동사.
> 주어 + 동사 + thường xuyên.

Chị thường xuyên ăn kiêng. 　　나는 자주 다이어트해.
Em tập thể dục thường xuyên. 　저는 운동을 자주 해요.

문장으로 연습해요!

오늘의 표현을 활용한 문장을 반복해서 읽어 보세요.

바오 꾸오이 뚜언 앰 쌔 떱 테 줍
1. **Vào** cuối tuần, em sẽ tập thể dục.   주말에 운동할 거예요.

바오 집 뗃 앰 쌔 어 냐
2. **Vào** dịp Tết, em sẽ ở nhà.   설에 집에 있을 거예요.

바오 응아이 응이 아잉 쌔 람 지
3. **Vào** ngày nghỉ, anh sẽ làm gì?   쉬는 날 뭐 할 거예요?

앰 디 헙 바오 트 하이
4. Em đi học **vào** thứ hai.   저는 월요일에 학교에 가요.

앰 똗 응이엡 바오 남 응오아이
5. Em tốt nghiệp **vào** năm ngoái.   저는 작년에 졸업했어요.

6. 찌 꺼 트엉 쑤이엔 디 다잉 곤 콤
Chị có thường xuyên đi đánh gôn không? 골프 치러 자주 가세요?

7. 찌 트엉 쑤이엔 안 끼엥
Chị thường xuyên ăn kiêng. 나는 자주 다이어트를 해.

8. 앰 베 탐 보 매 트엉 쑤이엔
Em về thăm bố mẹ thường xuyên. 저는 부모님을 자주 뵈러 가요.

9. 허 트엉 쑤이엔 리엔 락 버이 냐우
Họ thường xuyên liên lạc với nhau. 그들은 서로 자주 연락해요.

10. 아잉 꺼 트엉 쑤이엔 안 응오아이 콤
Anh có thường xuyên ăn ngoài không? 자주 외식해요?

실전처럼 말해봐요!

🎧 Track 16-03

민호 바오 끼 응이 앰 쌔 람 지
Vào kỳ nghỉ, em sẽ làm gì?

마이 앰 쌔 베 꾸에 아
Em sẽ về quê ạ.

민호 앰 꺼 트엉 쑤이엔 베 꾸에 콤
Em có thường xuyên về quê không?

마이 꺼 아
Có ạ.

📖 **새 단어**
- quê 꾸에
  고향

🔖 한국어 뜻만 보고, 베트남어로 말하는 연습을 해 보세요!

민호 휴가에 뭐 할 거야?

마이 고향에 갈 거예요.

민호 고향에 자주 가?

마이 네.

🇻🇳 **베트남어 더 알아봐요!** 빈도 부사 'thường'과 'thường xuyên'의 차이점

'thường'은 단순히 '종종, 자주'라는 뜻으로 사용되며, 반드시 규칙적인 빈도를 나타내지는 않습니다.
'thường xuyên'은 더 규칙적이고 빈번한 행동(습관이나 일상, 직장 및 학업, 관계나 연락)을 강조합니다.
예) · Em thường ăn sáng ở nhà. (저는 종종 집에서 아침을 먹어요.) → 반드시 규칙적인 것은 아님.
　　· Em thường xuyên ăn sáng ở nhà. (저는 집에서 아침을 자주 먹어요.) → 규칙적이고 빈번한 행동임을 강조

복습하며 풀어봐요!

1 다음 문장에서 전치사 'vào'가 각각 들어갈 자리로 알맞은 것을 고르세요.

① ① Tôi   ② sinh   ③ năm   ④ 1998

② ① Cuối tuần   ② chúng ta   ③ sẽ   ④ đi chơi

2 다음 문장에서 틀린 부분을 찾아 고쳐보세요.

① Em sẽ đi chơi trong thứ bảy.
▶ _____ .

② Chúng tôi đi ăn ở sáng nay.
▶ _____ .

③ Họ sẽ đi du lịch lúc hôm nay.
▶ _____ .

3 다음 빈칸에 공통으로 들어갈 단어를 써 보세요.

Ⓐ Em có _____ đi du lịch không?
여행 자주 가?

Ⓑ Em _____ đi du lịch.
저는 자주 여행을 가요.

직접 쓰며 익히는 베트남어 표현

◐ 주말에 운동할 거예요.

Vào cuối tuần, em sẽ tập thể dục.

✎

◐ 설에 집에 있을 거예요.

Vào dịp Tết, em sẽ ở nhà.

✎

◐ 쉬는 날 뭐 할 거예요?

Vào ngày nghỉ, anh sẽ làm gì?

✎

◐ 저는 작년에 졸업했어요.

Em tốt nghiệp vào năm ngoái.

✎

◆ 골프 치러 자주 가세요?

Chị có thường xuyên đi đánh gôn không?

◆ 저는 부모님을 자주 뵈러 가요.

Em về thăm bố mẹ thường xuyên.

◆ 그들은 서로 자주 연락해요.

Họ thường xuyên liên lạc với nhau.

◆ 자주 외식해요?

Anh có thường xuyên ăn ngoài không?

BÀI 17

아마도 내년에요.
Có lẽ năm sau ạ.

17과 전체 음원

⭐ 학습 내용을 미리 살펴봐요!

오늘은 시간이나 시점에 대해 물을 때 사용하는 의문사와 불확실한 가능성이나 추측을 나타낼 때 사용하는 부사에 대해 배워보려고 합니다. 이 표현들을 배우고 나면 '언제 결혼해요?', '언제 귀국했어?'와 같이 시점이나 시기를 묻는 문장을 말할 수 있고, '아마 내년에 귀국할 것 같아', '아마 그는 내년에 결혼할 거예요'와 같은 조심스러운 추측, 의견을 표현할 수 있게 됩니다.

⭐ 주요 단어를 미리 확인해요!

 Track 17-01

cưới	năm sau	du học	bắt đầu
끄어이	남 싸우	주 헙	밧 더우
결혼하다	내년	유학하다	시작하다
trời	mưa	mất	chìa khoá
쩌이	므어	멋	찌어 코아
하늘, 날씨	비, 비가 내리다	잃어버리다	열쇠

150 꼬수진과 함께 나의 첫번째 베트남어 수업

개념부터 알아봐요!

1 khi nào, bao giờ

의문사 'khi nào', 'bao giờ'는 '언제'라는 의미로 특정 사건이나 활동이 일어나는 시간 또는 시점을 물을 때 사용합니다.

① 미래에 일어날 시간이나 시점을 물을 때에는 문장 맨 앞에 위치합니다(미래 시제 'sẽ' 생략 가능).

Khi nào / Bao giờ + 주어 + 동사?

Khi nào em cưới?	언제 결혼해?
Bao giờ chị sẽ chuyển nhà?	언제 이사할 거예요?

② 과거에 일어난 일에 대한 시간이나 시점을 물을 때에는 문장 맨 뒤에 위치합니다(과거 시제 'đã' 생략 가능).

주어 + 동사 + khi nào / bao giờ?

Anh gửi email khi nào?	언제 이메일을 보냈어요?
Em nói thế bao giờ?	제가 언제 그렇게 말했어요?

2 có lẽ

부사 'có lẽ'는 '아마', '어쩌면' 또는 '아마도 ~할 것 같다'라는 의미로 불확실한 가능성이나 추측, 의견이나 생각을 조심스럽게 표현할 때 사용합니다. 보통 어떤 일이 일어날 가능성이 있지만 확실하지 않은 뉘앙스를 전달합니다.

① 'có lẽ'는 문장의 맨 앞에 위치합니다.

Có lẽ + 주어 + 동사.

Có lẽ năm sau chị sẽ về nước.	아마도 내년에 귀국할 것 같아.
Có lẽ năm sau chị sẽ đi du học.	아마도 내년에 유학 갈 것 같아.

문장으로 연습해요!

오늘의 표현을 활용한 문장을 반복해서 읽어 보세요.

1. 키 나오 아잉 덴
   Khi nào anh đến?　　　　　　　　언제 와요?

2. 아잉 베 느억 바오 지어
   Anh về nước bao giờ?　　　　　　언제 귀국했어요?

3. 반 디 주 릭 바오 지어
   Bạn đi du lịch bao giờ?　　　　　언제 여행 갔어?

4. 바오 지어 쭘 따 갑 라이 냐우
   Bao giờ chúng ta gặp lại nhau?　　우리 언제 다시 만나?

5. 키 나오 쭘 따 밧 더우
   Khi nào chúng ta bắt đầu?　　　　우리 언제 시작해요?

꺼 래 남 싸우 찌 쌔 베 느억
6 **Có lẽ** năm sau chị sẽ về nước.   아마도 내년에 귀국할 것 같아.

꺼 래 남 싸우 찌 쌔 디 주 헙
7 **Có lẽ** năm sau chị sẽ đi du học.   아마도 내년에 유학 갈 것 같아.

꺼 래 앰 쌔 덴 무온
8 **Có lẽ** em sẽ đến muộn.   아마 저는 늦을 거예요.

꺼 래 쩌이 쌔 므어
9 **Có lẽ** trời sẽ mưa.   아마 비가 올 거예요.

꺼 래 앰 먿 찌어 코아
10 **Có lẽ** em mất chìa khoá.   아마도 저는 열쇠를 잃어버린 것 같아요.

BÀI 17 아마도 내년에요. 153

실전처럼 말해봐요!

🎧 Track 17-03

민호 키 나오 앰 끄어이
Khi nào em cưới?

마이 꺼 래 남 싸우 아
Có lẽ năm sau ạ.

민호 앰 다 쭙 아잉 끄어이 쯔어
Em đã chụp ảnh cưới chưa?

마이 쯔어 아
Chưa ạ.

새 단어

- chụp 쭙
(사진 등을) 찍다, 촬영하다

🔖 한국어 뜻만 보고, 베트남어로 말하는 연습을 해 보세요!

민호 언제 결혼해?

마이 아마도 내년에요.

민호 웨딩 촬영은 했어?

마이 아직이요.

복습하며 풀어봐요!

1 아래 문장을 한국어로 해석해 보세요.

❶ Bạn gặp anh ấy bao giờ?

▶ _____ ?

❷ Khi nào bạn sẽ đi du lịch?

▶ _____ ?

2 다음 빈 칸에 알맞은 베트남어를 써 보세요.

❶ Có lẽ anh ấy _____.

그는 늦을 거예요.

❷ _____, mình sẽ _____.

아마 베트남에 갈 것 같아.

3 다음 제시된 대화를 완성해 보세요.

Ⓐ _____ ?

너 언제 고향에 갈 거야?

Ⓑ Có lẽ _____.

아마도 주말에요.

직접 쓰며 익히는 베트남어 표현

◎ 언제 귀국했어요?

Anh về nước bao giờ?

◎ 언제 여행 갔어?

Bạn đi du lịch bao giờ?

◎ 우리 언제 다시 만나?

Bao giờ chúng ta gặp lại nhau?

◎ 우리 언제 시작해요?

Khi nào chúng ta bắt đầu?

◉ 아마도 내년에 귀국할 것 같아.

Có lẽ năm sau chị sẽ về nước.

✏️

◉ 아마 저는 늦을 거예요.

Có lẽ em sẽ đến muộn.

✏️

◉ 아마 비가 올 거예요.

Có lẽ trời sẽ mưa.

✏️

◉ 아마도 저는 열쇠를 잃어버린 것 같아요.

Có lẽ em mất chìa khoá.

✏️

BÀI 18

며칠 동안 한국에 가?
Em sẽ đi Hàn Quốc trong mấy ngày?

18과 전체 음원

★ 학습 내용을 미리 살펴봐요!

오늘은 '몇'을 뜻하는 수량 의문사를 활용해 며칠에 걸쳐 진행된 일 또는 앞으로의 시간을 표현하는 문장과 특정한 날짜를 묻는 표현에 대해 배워보려고 합니다. 이 표현들을 배우고 나면 '며칠 동안 베트남에 머물러요?'나 '며칠에 베트남에 가요?'와 같이 다양한 의문문을 만들어 볼 수 있습니다.

★ 주요 단어를 미리 확인해요!

 Track 18-01

bàn	Phú Quốc	bị ốm	thi
반	푸 꾸옥	비 옴	티
테이블	푸꾸옥	아프다, 앓다	시험 보다
tổ chức	tiệc	sinh nhật	hẹn hò
또 쯕	띠엑	씽 녓	핸 허
열다, 조직하다	파티, 잔치	생일	데이트하다

158 꼬수진과 함께 나의 첫번째 베트남어 수업

개념부터 알아봐요!

1 (trong) mấy ngày

'(trong) mấy ngày'는 '며칠 동안'을 뜻하며, 특정 기간이나 며칠에 걸쳐 진행된 일 또는 앞으로의 시간을 표현할 때 사용합니다. 이때 전치사 'trong'은 생략이 가능합니다.

❶ 시간의 범위를 나타내는 'trong mấy ngày'는 문장의 맨 뒤에 위치합니다.

> 주어 + (미래, 과거 시제) + 동사 + (trong) mấy ngày?

Em sẽ đi Hàn Quốc (trong) mấy ngày?	며칠 동안 한국에 가?
Anh đã đi công tác (trong) mấy ngày?	며칠 동안 출장을 갔어요?

Tip

'ngày' 대신 'tháng(달)', 'năm(년)'을 사용하면 '몇 달 동안', '몇 년 동안'에 해당하는 의문문을 만들어 볼 수 있습니다.

- Chị sẽ ăn kiêng trong mấy tháng? 몇 달 동안 다이어트할 거예요?
- Anh sẽ đi du học trong mấy năm? 몇 년 동안 유학 갈 거예요?

2 (vào) ngày mấy?

'(vào) ngày mấy?'는 '며칠에'를 뜻하며, 주로 어떤 일 또는 사건의 날짜, 특정한 날을 묻거나 이야기할 때 쓰입니다. 이때 'vào'는 생략이 가능합니다.

❶ 날짜를 나타내는 'vào ngay mấy'는 문장의 맨 뒤에 위치합니다.

> 주어 + (미래, 과거 시제) + 동사 + (vào) ngày mấy?

Chị sẽ đặt bàn (vào) ngày mấy?	며칠에 테이블을 예약하실 건가요?
Em đã đặt vé máy bay (vào) ngày mấy?	며칠에 비행기 티켓 예매했어?

문장으로 연습해요!

오늘의 표현을 활용한 문장을 반복해서 읽어 보세요.

1. 아잉 쌔 디 꼼 딱 쩜 머이 응아이
   Anh sẽ đi công tác trong mấy ngày?   며칠 동안 출장 갈 거예요?

2. 아잉 쌔 디 푸 꾸옥 쩜 머이 응아이
   Anh sẽ đi Phú Quốc trong mấy ngày?   며칠 동안 푸꾸옥에 갈 거예요?

3. 찌 다 헙 띠엥 비엩 쩜 머이 응아이
   Chị đã học tiếng Việt trong mấy ngày?   베트남어 며칠 동안 공부했어요?

4. 아잉 쌔 베 꾸에 쩜 머이 응아이
   Anh sẽ về quê trong mấy ngày?   며칠 동안 고향에 갈 거예요?

5. 앰 다 비 옴 쩜 머이 응아이
   Em đã bị ốm trong mấy ngày?   며칠 동안 아팠어?

찌 쌔 닫 반 바오 응아이 머이
6 Chị sẽ đặt bàn vào ngày mấy?

며칠에 테이블을 예약하실 건가요?

찌 쌔 닫 배 마이 바이 바오 응아이 머이
7 Chị sẽ đặt vé máy bay vào ngày mấy?
며칠에 비행기 티켓을 예매하실 건가요?

앰 티 바오 응아이 머이
8 Em thi vào ngày mấy?

며칠에 시험 봐?

찌 쌔 또 쯕 띠엑 씽 녇 바오 응아이 머이
9 Chị sẽ tổ chức tiệc sinh nhật vào ngày mấy?
며칠에 생일 파티를 열 거예요?

허 쌔 핸 허 바오 응아이 머이
10 Họ sẽ hẹn hò vào ngày mấy?

그들은 며칠에 데이트해요?

실전처럼 말해봐요!

🎧 Track 18-03

주인 아주머니
앰 쌔 디 한 꾸옥 쩜 머이 응아이
Em sẽ đi Hàn Quốc trong mấy ngày?

민호
므어이 응아이 아
10 ngày ạ.

주인 아주머니
버이 앰 쌔 베 바오 응아이 머이
Vậy em sẽ về vào ngày mấy?

민호
응아이 하이므어이 탕 싸우 아
Ngày 20 tháng sau ạ.

📖 새 단어
- tháng sau 탕 싸우
  다음 달

📕 한국어 뜻만 보고, 베트남어로 말하는 연습을 해 보세요!

주인 아주머니 며칠 동안 한국에 가?

민호 10일이요.

주인 아주머니 그럼 며칠에 다시 돌아와?

민호 다음 달 20일이요.

베트남어 더 알아봐요! 'mấy'의 다양한 쓰임

'mấy'는 10 이하의 수량을 묻는 의문사로 'mấy'가 단어 앞에 오면 양을 묻는 표현이 되고, 단어 뒤에 오면 '정의, 사실'을 묻는 표현이 됩니다.

예) · Nhà bạn có mấy phòng? 당신의 집은 방이 몇 개 인가요? (방의 개수 묻기)
　　· Nhà bạn ở tầng mấy? 당신의 집은 몇 층 인가요? (집이 위치한 층 묻기)

*tầng (떵) 층

복습하며 풀어봐요!

1 다음 단어들을 바르게 배열하세요.

① trong / em / du lịch / đi / mấy / Việt Nam / ngày / sẽ

▶ _____ ?

② gặp / chúng ta / nhau / mấy / vào / ngày

▶ _____ ?

③ sẽ / về / ngày / mấy / vào / em

▶ _____ ?

2 다음 제시된 문장에 대한 답을 써 보세요.

① Em đã sống ở đây trong mấy năm?

▶ _____ (2년).

② Chị định ở lại trong mấy ngày?   *ở lại (어 라이) 머물다

▶ _____ (5일).

3 다음 제시된 대화를 완성해 보세요.

Ⓐ Anh nghỉ phép _____ ?   *nghỉ phép (응이 팹) 쉬다

형은 며칠 동안 휴가야?

Ⓑ 5 ngày. Anh đi làm _____ .

5일이야. 나는 4월 15일에 출근해.

직접 쓰며 익히는 베트남어 표현

● 며칠 동안 푸꾸옥에 갈 거예요?

Anh sẽ đi Phú Quốc trong mấy ngày?

✎

● 베트남어 며칠 동안 공부했어요?

Chị đã học tiếng Việt trong mấy ngày?

✎

● 며칠 동안 고향에 갈 거예요?

Anh sẽ về quê trong mấy ngày?

✎

● 며칠 동안 아팠어?

Em đã bị ốm trong mấy ngày?

✎

● 며칠에 테이블을 예약하실 건가요?

Chị sẽ đặt bàn vào ngày mấy?

● 며칠에 비행기 티켓을 예매하실 건가요?

Chị sẽ đặt vé máy bay vào ngày mấy?

● 며칠에 시험 봐?

Em thi vào ngày mấy?

● 며칠에 생일 파티를 열 거예요?

Chị sẽ tổ chức tiệc sinh nhật vào ngày mấy?

BÀI 19

고수 먹을 수 있어요?
Anh có thể ăn rau mùi không?

★ 학습 내용을 미리 살펴봐요!

오늘은 가능성과 능력을 나타내는 조동사와 문장을 강조하거나 상대방에게 불만 또는 핑계를 표현할 때 사용하는 문미 조사에 대해 배워보려고 합니다. 이 표현들을 배우고 나면 '베트남어를 말할 수 있어', '빨리 달릴 수 있어'와 같이 능력을 표현하거나 '내가 이미 말했잖아'와 같이 불만을 나타내는 문장을 말할 수 있게 됩니다.

★ 주요 단어를 미리 확인해요!

Track 19-01

chạy 짜이 뛰다, 달리다	nhanh 냐잉 빠른	vẽ 배 그리다	tranh 짜잉 그림
lâu 러우 오랜	lái 라이 운전하다	xe 쌔 차의 총칭	tham gia 탐 자 참여하다, 참가하다
cuộc thi 꾸옥 티 시험, 대회	tiếng Nhật 띠엥 녇 일본어	rau mùi 자우 무이 고수, 향채	tốt bụng 똗 붕 친절한, 마음씨가 착한

개념부터 알아봐요!

1 có thể

조동사 'có thể'는 '할 수 있다', '가능하다'라는 뜻으로, 가능성이나 능력을 표현하는 데 사용합니다. 비슷한 단어로 동사 뒤에 'được'을 사용할 경우 역시나 가능성을 나타내는 표현을 만들 수 있으며, 'có thể'와 함께 또는 단독으로 사용할 수 있습니다.

❶ 동사 앞에 'có thể'를, 뒤에 'không'을 붙여 가능성 또는 능력을 묻는 의문문을 만들 수 있습니다.

주어 + có thể + 동사 + không?

Anh có thể chơi ghi-ta không? 기타 칠 수 있어요?

❷ 평서문의 경우 주어와 동사 사이에 'có thể' 을 위치시킵니다.

주어 + có thể + 동사.

Anh có thể chạy nhanh. 나는 빨리 달릴 수 있어. (능력)
Hôm nay có thể trời mưa. 오늘 비가 올 수 있어요. (가능성)

❸ 가능성, 능력에 대해 부정할 때에는 주어와 동사 사이에 'không thể'를 위치시킵니다.

주어 + không thể + 동사.

Chị không thể vẽ tranh. 나는 그림을 못 그려.

2 mà

문미 조사 'mà'는 '~잖아'라는 뜻으로, 말투나 상황에 따라 다양한 뉘앙스를 가질 수 있습니다. 'mà'는 대화의 맥락에 맞춰 강조, 이유 설명, 혹은 상대방의 관심을 끌거나 불만을 표현하는 데 사용합니다.

❶ 'mà'는 문장의 맨 끝에 위치합니다.

문장 + mà.

Anh ở Việt Nam lâu rồi mà. 베트남에 오래 있었잖아요. (이유/변명)
Đi đi, vui lắm mà! 가요, 재밌잖아요! (설득)
Anh đang lái xe mà. 운전 중이잖아. (불만 표현)

문장으로 연습해요!

오늘의 표현을 활용한 문장을 반복해서 읽어 보세요.

1. 앰 꺼 테 라이 쌔 마이 콤
   Em có thể lái xe máy không? — 오토바이 운전할 수 있어?

2. 앰 우옹 드억 비어 콤
   Em uống được bia không? — 맥주 마실 수 있어?

3. 앰 탐 자 드억 꾸옥 티 나이
   Em tham gia được cuộc thi này. — 이 대회에 참가할 수 있어요.

4. 찌 어이 꺼 테 너이 띠엥 녓 콤
   Chị ấy có thể nói tiếng Nhật không? — 그녀는 일본어를 할 수 있어요?

5. 아잉 꺼 테 안 자우 무이 콤
   Anh có thể ăn rau mùi không? — 고수 먹을 수 있어요?

아잉 당 라이 쌔 마
6 Anh đang lái xe mà.　　　　　운전 중이잖아.

아잉 당 응애 디엔 토아이 마
7 Anh đang nghe điện thoại mà.　통화 중이잖아.

아잉 어 비엩 남 러우 조이 마
8 Anh ở Việt Nam lâu rồi mà!　베트남에 오래 있었잖아요!

디 디 부이 람 마
9 Đi đi, vui lắm mà!　가요, 재밌잖아요!

아잉 어이 똗 붐 마
10 Anh ấy tốt bụng mà!　그는 친절한데요!

실전처럼 말해봐요!

🎧 Track 19-03

마이 아잉 꺼 테 안 자우 무이 콤
     Anh có thể ăn rau mùi không?

민호 아잉 콤 안 드억
     Anh không ăn được.

마이 아잉 어 비엣 남 러우 조이 마
     Anh ở Việt Nam lâu rồi mà.

민호 오께 아잉 쌔 트
     Ok. Anh sẽ thử!

📖 **새 단어**

- có thể 꺼 테
  ~할 수 있다
- thử 트
  ~해 보다, 시도하다

🔖 한국어 뜻만 보고, 베트남어로 말하는 연습을 해 보세요!

마이 고수 먹을 수 있어요?

민호 못 먹어.

마이 베트남에 오래 있었잖아요.

민호 그래. 도전해 볼게!

🚩 **베트남어 더 알아봐요!** 가능성을 나타내는 'được'과 'có thể'의 뉘앙스 차이

조동사 'có thể'와는 다르게 동사 뒤에 'được'을 결합하여 가능성이나 객관적인 능력을 나타낼 수 있습니다.

· Tôi làm được bài tập này. 저는 이 과제를 할 수 있어요. (나는 과제를 잘 해낼 수 있다)
  = Tôi có thể làm bài tập này. (나는 과제를 할 수 있다)
· Tôi không làm được bài tập này. 저는 이 과제를 할 수 없어요. (너무 어려운 과제라 내 능력 밖이다)
  = Tôi không thể làm bài tập này. (나는 이 과제를 못 한다)

복습하며 풀어봐요!

1 다음 단어들을 바르게 배열하세요.

• Anh ấy _____ nói tiếng Anh.

① có thể
② sẽ
③ được
④ sẽ có

2 다음 문장을 가능성을 나타내는 단어를 활용해 바꿔 써 보세요.

❶ Anh ấy uống bia.

부정 _____.

❷ Em hát bài hát Việt Nam.

의문 _____.

*hát (핟) 노래하다
*bài hát (바이 핟) 노래

❸ Chị đi công tác Việt Nam.

긍정 _____.

3 다음 제시된 대화를 완성해 보세요.

Ⓐ Anh có thể _____ được không?

오토바이 운전할 수 있어?

Ⓑ Không. Anh _____ được.

아니. 나는 오토바이 운전 못 해.

직접 쓰며 익히는 베트남어 표현

● 오토바이 운전할 수 있어?

Em có thể lái xe máy không?

✎

● 저는 이 대회에 참가할 수 있어요.

Em tham gia được cuộc thi này.

✎

● 그녀는 일본어를 할 수 있어요?

Chị ấy có thể nói tiếng Nhật không?

✎

● 고수 먹을 수 있어요?

Anh có thể ăn rau mùi không?

✎

◐ 운전 중이잖아.

Anh đang lái xe mà.

◐ 베트남에 오래 있었잖아요!

Anh ở Việt Nam lâu rồi mà!

◐ 가요, 재밌잖아요!

Đi đi, vui lắm mà!

◐ 그는 친절한데요!

Anh ấy tốt bụng mà!

BÀI 20 그 식당은 어디 있어?
Quán đấy ở đâu?

20과 전체 음원

⭐ 학습 내용을 미리 살펴봐요!

오늘은 위치를 물어볼 때 사용하는 의문사와 어느 두 지점의 물리적 또는 시간적 거리를 나타내는 동사에 대해 배워보려고 합니다. 이 표현들을 배우고 나면 '화장실은 어디에 있어요?', '당신의 회사는 어디에 있어요?'와 같이 위치를 물어보거나 'A는 B로부터 떨어져 있다'와 같이 떨어진 거리를 표현하는 문장을 말할 수 있게 됩니다.

⭐ 주요 단어를 미리 확인해요! 🎧 Track 20-01

quán (ăn) 꾸안 (안) 식당	đấy 더이 그쪽, 그, 저기	gần 건 가까운	công viên 꼼 비엔 공원
quán cà phê 꾸안 까 페 커피숍	phút 풋 분	ki lô mét 끼 로 멧 킬로미터	nhà vệ sinh 냐 베 씽 화장실
bến 벤 정류장	xe buýt 쌔 부읻 버스	đi bộ 디 보 걸어가다	sân bay 썬 바이 공항

개념부터 알아봐요!

1 ở đâu?

'ở'는 '~에 있다', 'đâu'는 '어디'라는 의미로 두 단어가 결합하여 '~는 어디에 있어요?'에 해당하는 문장을 만들 수 있습니다. 보통 특정 대상이나 장소의 위치를 묻는 데 사용됩니다.

❶ 주어의 위치를 물을 때에는 'ở đâu'를 주어 뒤에 위치시킵니다.

주어 + ở đâu?

Quán đấy ở đâu? 그 식당은 어디 있어?

❷ 위치를 대답할 때에는 'ở' 뒤에 장소의 구체적인 위치를 넣어줍니다.

주어 + ở + 장소.

Quán đấy ở gần công viên. 그 식당은 공원 근처에 있어요.

2 cách

동사 'cách'은 다양한 쓰임새가 있는 표현으로 '떨어져 있다' 또는 '간격이 있다'는 의미를 나타냅니다.

❶ 거리를 나타낼 때에는 두 지점 사이에 'cách'을 위치시킵니다.

A + cách + B + 거리.

Quán đấy cách đây 700m ạ. 그 식당은 여기서 700m 떨어져 있어요.

❷ 시간을 표현할 때에는 두 시점 사이에 'cách'을 위치시킵니다.

A + cách + B + 시간 (+ 수단).

Quán cà phê cách siêu thị 5 phút đi xe. 커피숍은 마트와 차로 5분 떨어져 있어요.

> **Tip**
> 정확한 숫자를 말할 수 없을 때 'khoảng(약, 대략)'이라는 표현을 사용할 수 있습니다.
> • Hà Nội cách TP.HCM khoảng 1.700 ki lô mét.
>   하노이는 호찌민시에서 약 1,700km 떨어져 있어요.

문장으로 연습해요!

오늘의 표현을 활용한 문장을 반복해서 읽어 보세요.

꾸안 까 페 더이 어 더우
1 Quán cà phê đấy ở đâu?   그 커피숍은 어디 있어요?

디엔 토아이 꾸어 아잉 어 더우
2 Điện thoại của anh ở đâu?   핸드폰은 어디 있어요?

냐 베 씽 어 더우
3 Nhà vệ sinh ở đâu?   화장실이 어디에요?

꼼 띠 아잉 어 더우
4 Công ty anh ở đâu?   당신의 회사는 어디에 있어요?

반 어 더우
5 Bạn ở đâu?   당신 어디 있어요?

6 냐 까익 꼼 띠 남끼로맨
Nhà cách công ty 5km.
집은 회사에서 5km 떨어져 있어요.

7 벤 쌔 부읻 까익 더이 바 짬맨
Bến xe buýt cách đây 300m.
버스 정류장은 여기서 300m 떨어져 있어요.

8 하 노이 까익 타잉포 호 찌 밍 코앙 몯응인 바이짬 끼 로 멛
Hà Nội cách TP.HCM khoảng 1.700 ki lô mét.
하노이는 호찌민시에서 약 1,700km 떨어져 있어요.

9 냐 찌 까익 더이 남 푿 디 보
Nhà chị cách đây 5 phút đi bộ.
내 집은 여기서 도보로 5분이야.

10 꼼 띠 찌 까익 썬 바이 코앙 남 끼로 맨
Công ty chị cách sân bay khoảng 5 ki lô mét.
내 회사는 공항에서 약 5km 떨어져 있어.

실전처럼 말해봐요!

🎧 Track 20-03

민호 건 더이 꺼 꾸안 안 응언 나오 콤
Gần đây có quán ăn ngon nào không?

마이 꺼 꾸안 바잉 쌔오 응언 아
Có quán bánh xèo ngon ạ!

민호 꾸안 더이 어 더우
Quán đấy ở đâu?

마이 꾸안 더이 까익 더이 바이 짬 멛 아
Quán đấy cách đây 700m ạ.

📖 새 단어

- ngon 응언 맛있는
- đấy 더이 그, 그쪽

🔖 한국어 뜻만 보고, 베트남어로 말하는 연습을 해 보세요!

민호 이 근처에 어떤 맛집 있어?

마이 반쌔오 맛집 있어요!

민호 그 식당은 어디 있어?

마이 그 식당은 여기서 700m 떨어져 있어요.

🇻🇳 베트남어 더 알아봐요! 장소와 결합하기 좋은 위치 전치사

- trong (~안에) – Anh ấy ở trong phòng. 그는 방 안에 있어요.
- trên (~위에) – Quyển sách ở trên bàn. 책상 위에 있어요.
- dưới (~아래에) – Cái bút ở dưới bàn. 펜은 책상 아래에 있어요.
- gần (~가까이에) – Trường học ở gần công viên. 학교는 공원 가까이에 있어요.
- xa (멀리) – Nhà em ở xa trường học. 저희 집은 학교에서 멀어요.
이 외에 trước (~앞에), sau (~뒤에), giữa (~가운데에) 등이 있습니다.

*trường học (쯔엉 헙) 학교
*quyển (꾸이엔) 권(책 등에 사용하는 종별사)

복습하며 풀어봐요!

1 다음 빈칸에 들어갈 단어가 바르게 짝지어진 것을 고르세요.

> • Cái bút của tôi _____?
> • Anh đang ___ nhà.

① ở đâu, ở
② ở đây, ở
③ đâu, ở
④ đây, ở

2 다음 문장에 알맞은 단어를 선택하세요.

> • Nhà chị _____ trường học khoảng 10 phút đi bộ.

① gần
② xa
③ cách
④ khoảng

3 다음 주어진 상황에 알맞은 문장을 고르세요.

> • 상황: 집과 학교가 2km 떨어져 있는 경우.

① Nhà tôi cách trường học khoảng 2km.
② Nhà tôi gần trường học khoảng 5 phút đi bộ.
③ Nhà tôi xa trường học khoảng 10 km.
④ Nhà tôi cách trường học 200 mét.

직접 쓰며 익히는 베트남어 표현

◉ 그 커피숍은 어디 있어요?

Quán cà phê đấy ở đâu?

◉ 핸드폰은 어디 있어요?

Điện thoại của anh ở đâu?

◉ 화장실이 어디에요?

Nhà vệ sinh ở đâu?

◉ 당신의 회사는 어디에 있어요?

Công ty anh ở đâu?

● 집은 회사에서 5km 떨어져 있어요.

Nhà cách công ty 5km.

✏️

● 버스 정류장은 여기서 300m 떨어져 있어요.

Bến xe buýt cách đây 300m.

✏️

● 하노이는 호찌민시에서 약 1,700km 떨어져 있어요.

Hà Nội cách TP.HCM khoảng 1.700 ki lô mét.

✏️

● 내 집은 여기서 도보로 5분이에요.

Nhà chị cách đây 5 phút đi bộ.

✏️

BÀI 21

직진하고 나서 좌회전하면 돼.
Cháu đi thẳng rồi rẽ trái.

21과 전체 음원

★ 학습 내용을 미리 살펴봐요!

오늘은 목적지로 가는 방법에 대해 물을 때 사용하는 표현과 이에 대한 답변으로 행동의 순서를 나타내는 표현에 대해 배워보려고 합니다. 이 표현들을 배우고 나면 'B 성당을 가려면 어떤 길로 가야 해요?'와 같이 가는 길을 물어보거나 '직진해서 우회전하세요'와 같이 행동의 순서를 표현하는 문장을 말할 수 있게 됩니다.

★ 주요 단어를 미리 확인해요!

 Track 21-01

hồ 호 호수	đi thẳng 디 탕 직진하다	rẽ 재 회전하다, 돌다	trái 짜이 왼쪽의
khách sạn 카익 싼 호텔	chợ 쩌 시장	trung tâm thành phố 쭘 떰 타잉 포 시내	trạm 짬 정류장, 정거장
quay lại 꾸아이 라이 돌다, 돌아오다	phải 파이 오른쪽의	đánh răng 다잉 장 양치하다	mặt 맏 얼굴

개념부터 알아봐요!

1 đi đường nào?

'đi đường nào?'는 'đi (가다)', 'đường (길)', 'nào (어느, 어떤)'를 결합하여 '어느 길로 가나요?'라는 의미를 가집니다.

❶ 가고자 하는 장소 뒤에 'đi đường nào'를 위치시킵니다.

주어 + đi đường nào?

Quán phở An đi đường nào ạ? An 쌀국수 가게는 어느 길로 가요?

❷ '~하기 위해서'에 해당하는 'để'를 사용하면 목적을 나타내는 문장을 만들 수 있습니다.

Đi đường nào để đến + 목적지?

Đi đường nào để đến Hồ Hoàn Kiếm? 호안끼엠 호수에 가려면 어떤 길로 가야 하나요?

2 A rồi B

'A rồi B'는 순차적인 행동이나 사건을 표현할 때 사용하는 문형으로 'A 하고 난 다음에 B 한다'라는 의미입니다.

❶ 선행되는 행동 뒤에 'rồi'를 위치시키고, 바로 뒤에 뒤따르는 두 번째 행동을 덧붙입니다.

동사 1 + rồi + 동사 2.

Em đi thẳng rồi rẽ trái. 직진하고 나서 좌회전하면 돼.
Anh ăn cơm rồi ngủ trưa. 밥을 먹고 나서 낮잠을 자요.

문장으로 연습해요!

오늘의 표현을 활용한 문장을 반복해서 읽어 보세요.

카익 싼 아베쎄 디 드엉 나오
1. Khách sạn ABC đi đường nào? 　ABC 호텔은 어느 길로 가요?

쩌 돔 쑤언 디 드엉 나오
2. Chợ Đồng Xuân đi đường nào? 　동쑤언 시장은 어느 길로 가요?

쭘 떰 타잉 포 디 드엉 나오
3. Trung tâm thành phố đi đường nào? 　시내는 어느 길로 가요?

짬 쌔 부읻 디 드엉 나오
4. Trạm xe buýt đi đường nào? 　버스 정류장은 어느 길로 가요?

디 드엉 나오 데 덴 반 미에우
5. Đi đường nào để đến Văn Miếu? 　문묘로 가려면 어느 길로 가요?

아잉 꾸아이 라이 조이 재 파이
6 Anh quay lại rồi rẽ phải.　　　유턴하고 나서 우회전해요.

아잉 안 껌 조이 응우 쯔어
7 Anh ăn cơm rồi ngủ trưa.　　　밥을 먹고 나서 낮잠을 자요.

앰 디 비엗 남 조이 베 한 꾸옥
8 Em đi Việt Nam rồi về Hàn Quốc.　　　베트남에 갔다가 한국으로 돌아왔어요.

앰 다잉 장 조이 즈어 맏
9 Em đánh răng rồi rửa mặt.　　　저는 이를 닦은 후에 세수를 해요.

쭘 또이 쌤 핌 조이 디 안 또이
10 Chúng tôi xem phim rồi đi ăn tối.
우리는 영화를 본 후에 저녁을 먹으러 가요.

실전처럼 말해봐요!

🎧 Track 21-03

민호
쭈 어이 꾸안 퍼 안 디 드엉 나오 아
Chú ơi, quán phở An đi đường nào ạ?

아저씨
짜우 디 탕 조이 재 짜이
Cháu đi thẳng rồi rẽ trái.

민호
벙 아 짜우 깜 언 쭈
Vâng ạ. Cháu cảm ơn chú!

아저씨
으 콤 꺼 지
Ừ, không có gì.

📖 새 단어

- **thẳng** 탕
  곧은, 직선의
- **chú** 쭈
  아저씨, 삼촌

🔖 한국어 뜻만 보고, 베트남어로 말하는 연습을 해 보세요!

민호 아저씨, An 쌀국수 가게는 어느 길로 가요?

아저씨 직진하고 나서 좌회전하면 돼.

민호 네. 감사합니다!

아저씨 응, 천만에.

복습하며 풀어봐요!

1 다음 빈칸에 알맞은 베트남어를 써 보세요.

Ⓐ Trường Đại học Hà Nội _____ ?

하노이 대학교는 어느 길로 가요?   *đại học (다이 홉) 대학

Ⓑ Em _____ .

직진한 후에 우회전해.

2 다음 제시된 단어를 어순에 알맞게 배열해 보세요.

❶ học / rồi / đi chơi / Em   저는 공부한 후에 놀러가요.

▶ _____ .

❷ đi thẳng / rẽ trái / rồi / Bạn   직진하고 나서 좌회전하세요.

▶ _____ .

❸ nghe nhạc / rồi / đi ngủ / Anh ấy   그는 음악을 들은 후에 자러 가요.

▶ _____ .

3 다음 빈칸을 채워보세요.

❶ Em _____ rồi đi ngủ.

나는 책을 읽은 후에 잔다.

❷ Bạn _____ rồi _____ .

직진한 후에 우회전하세요.

직접 쓰며 익히는 베트남어 표현

◐ ABC 호텔은 어느 길로 가요?

Khách sạn ABC đi đường nào?

◐ 동쑤언 시장은 어느 길로 가요?

Chợ Đồng Xuân đi đường nào?

◐ 시내는 어느 길로 가요?

Trung tâm thành phố đi đường nào?

◐ 문묘로 가려면 어느 길로 가요?

Đi đường nào để đến Văn Miếu?

◎ 밥을 먹고 나서 낮잠을 자요.

Anh ăn cơm rồi ngủ trưa.

✎

◎ 베트남에 갔다가 한국으로 돌아왔어요.

Em đi Việt Nam rồi về Hàn Quốc.

✎

◎ 저는 이를 닦은 후에 세수를 해요.

Em đánh răng rồi rửa mặt.

✎

◎ 우리는 영화를 본 후에 저녁을 먹으러 가요.

Chúng tôi xem phim rồi đi ăn tối.

✎

BÀI 22

ABC 카페 맞은편에 있어요.
Ở đối diện quán cà phê ABC ạ.

22과 전체 음원

★ 학습 내용을 미리 살펴봐요!

오늘은 장소, 위치를 나타낼 때 사용하는 동사와 장소나 시간의 범위를 나타내는 표현에 대해 배워보려고 합니다. 이 표현들을 배우고 나면 '나는 집에 있어요', '학교는 커피숍 옆에 있어요'와 같이 위치를 나타내거나 '서울부터 부산까지', '수요일부터 금요일까지'와 같이 범위를 나타내는 문장을 익히게 됩니다.

★ 주요 단어를 미리 확인해요!

 Track 22-01

đối diện	xa	sáng	chiều
도이 지엔	싸	쌍	찌에우
맞은편, 반대편	먼	아침, 오전	오후
trẻ em	**người lớn**	**đều**	**cạnh**
째 앰	응으어이 런	데우	까잉
어린이	어른	모두, 둘 다	옆
bệnh viện	**mất**	**đóng**	**ngày kia**
베잉 비엔	먼	덤	응아이 끼어
병원	시간이 걸리다	닫다	모레

개념부터 알아봐요!

1 ở

동사 'ở'는 '~에 있다', '머물다', '거주하다'라는 의미로 장소나 위치를 나타낼 때 사용합니다.

❶ 동사로 쓰일 때에는 장소 앞에 'ở'를 위치시킵니다.

주어 + ở + 장소.

Siêu thị ở đối diện quán cà phê ABC ạ.　　ABC 커피숍 맞은편에 있어요.

❷ 전치사로 쓰일 때에는 동사 뒤에 위치하며, '(장소)에서'라는 의미를 가집니다.

주어 + 동사 + ở + 장소.

Anh ấy làm việc ở nhà.　　그는 집에서 일해요.

2 từ A đến B

'từ ~ đến'은 '~부터(에서) ~까지'라는 의미로 장소, 시간 등 범위를 나타내는 다양한 상황에서 활용할 수 있습니다.

❶ 'từ A đến B' 문형에서 A와 B 자리에는 각 상황에 맞는 장소 또는 시간 등이 위치합니다.

từ + (장소, 시간) + đến + (장소, 시간)

Đi bộ từ đây đến đó có xa không?　　여기서 거기까지 걸어가면 멀어?
Em làm việc từ 8 giờ sáng đến 5 giờ chiều.　　저는 아침 8시부터 오후 5시까지 저는 일해요.
Từ trẻ em đến người lớn đều thích món này.　　어린이부터 어른까지 모두 이 음식을 좋아해요.

문장으로 연습해요!

오늘의 표현을 활용한 문장을 반복해서 읽어 보세요.

꾸안 까 페 어 까잉 꼼 띠
1. Quán cà phê ở cạnh công ty.　　커피숍은 회사 옆에 있어요.

씨에우 티 어 쯔억 냐
2. Siêu thị ở trước nhà.　　마트는 집 앞에 있어요.

찌 어이 어 꼼 띠
3. Chị ấy ở công ty.　　그녀는 회사에 있어요.

쩌 돔 쑤언 어 하 노이
4. Chợ Đồng Xuân ở Hà Nội.　　동쑤언 시장은 하노이에 있어요.

베잉 비엔 어 건 더이
5. Bệnh viện ở gần đây.　　병원은 이 근처에 있어요.

6. **Từ** nhà **đến** công ty có xa không?
뜨 냐 덴 꼼 띠 꺼 싸 콤
집에서 회사까지 멀어요?

7. **Từ** sân bay **đến** khách sạn rất gần.
뜨 썬 바이 덴 카익 싼 젇 건
공항에서 호텔까지 정말 가까워요.

8. Chị ấy đi **từ** Việt Nam **đến** Hàn Quốc.
찌 어이 디 뜨 비엗 남 덴 한 꾸옥
그녀는 베트남에서 한국까지 가요.

9. **Từ** nhà **đến** trường mất 10 phút.
뜨 냐 덴 쯔엉 먿 므어이 푿
집에서 학교까지 10분 걸려요.

10. Siêu thị đóng cửa **từ** ngày kia **đến** chủ nhật.
씨에우 티 덤 끄어 뜨 응아이 끼어 덴 쭈 녇
마트는 모레부터 일요일까지 문을 닫아요.

실전처럼 말해봐요!

🎧 Track 22-03

민호 _{건 더이 꺼 마이 에이티엠 콤}
Gần đây có máy ATM không?

마이 _{어 도이 지엔 꾸안 까 페 아베쎄 아}
Ở đối diện quán cà phê ABC ạ.

민호 _{디 보 뜨 더이 덴 더 꺼 싸 콤}
Đi bộ từ đây đến đó có xa không?

마이 _{콤 아}
Không ạ.

📖 새 단어
- máy 마이
  기계

🔖 한국어 뜻만 보고, 베트남어로 말하는 연습을 해 보세요!

민호 이 근처에 ATM이 있어?

마이 ABC 카페 맞은편에 있어요.

민호 여기서 거기까지 걸어가면 멀어?

마이 아니요.

복습하며 풀어봐요!

1 문장에서 'ở'가 동사로 쓰이지 않은 것을 고르세요.

① Bạn đang ở đâu?

② Em học ở trường.

③ Nhà tôi ở Seoul.

④ Quán cà phê ở đối diện bệnh viện.

2 다음 단어들을 올바른 순서로 배열하여 문장을 완성하세요.

❶ 나는 9시부터 학교에서 공부해요.
trường / từ / học / tôi / 9 giờ sáng / ở

▶ _____.

❷ 제 집에서 학교까지 10분 걸려요.
nhà / mất / đến / trường / tôi / 10 phút / từ

▶ _____.

❸ 집에서 병원까지 그다지 멀지 않아요.
từ / lắm / đến / nhà / bệnh viện / không / xa

▶ _____.

3 다음 제시된 대화를 완성해 보세요.

Ⓐ Đi bộ _____?

걸어서 여기서부터 거기까지 멀어요?

Ⓑ Vâng, _____ lắm.

네, 정말 멀어요.

직접 쓰며 익히는 베트남어 표현

● 커피숍은 회사 옆에 있어요.

Quán cà phê ở cạnh công ty.

● 마트는 집 앞에 있어요.

Siêu thị ở trước nhà.

● 그녀는 회사에 있어요.

Chị ấy ở công ty.

● 병원은 이 근처에 있어요.

Bệnh viện ở gần đây.

● 집에서 회사까지 멀어요?

Từ nhà đến công ty có xa không?

● 공항에서 호텔까지 정말 가까워요.

Từ sân bay đến khách sạn rất gần.

● 집에서부터 학교까지 10분 걸려요.

Từ nhà đến trường mất 10 phút.

● 마트는 모레부터 일요일까지 문을 닫아요.

Siêu thị đóng cửa từ ngày kia đến chủ nhật.

BÀI 23

이 옷은 얼마예요?
Cái áo này bao nhiêu tiền?

23과 전체 음원

★ 학습 내용을 미리 살펴봐요!

오늘은 물건을 살 때 값을 묻는 표현과 둘 이상의 복수를 나타내는 단어에 대해 배워보려고 합니다. 이 표현들을 배우고 나면 '이것은 얼마예요?'와 같이 가격을 묻거나 '친구들', '학생들'과 같이 어떤 명사에 대한 복수형을 만들 수 있게 됩니다.

★ 주요 단어를 미리 확인해요!

 Track 23-01

sinh viên	chuẩn bị	lễ hội	kem đánh răng
씽 비엔	쭈언 비	레 호이	깸 다잉 장
대학생	준비하다	축제	치약

dầu gội	cà phê sữa đá	tổng cộng	chiếc
저우 고이	까 페 쓰어 다	똠 꼼	찌엑
샴푸	아이스 연유 커피	합계	사물 앞에 사용하는 종별사

trống	hãy	lắng nghe	khác
쫌	하이	랑 응애	칵
비어 있는	~하자	집중해서 듣다	다른

198 꼬수진과 함께 나의 첫번째 베트남어 수업

개념부터 알아봐요!

1 bao nhiêu tiền?

'bao nhiêu tiền?'은 '얼마예요?'라는 의미로 가격을 물어볼 때 필수적인 표현입니다. '얼마나'라는 뜻을 가진 수량 의문사 'bao nhiêu'와 '돈'을 뜻하는 명사 'tiền'을 결합하여 사용합니다.

❶ 'bao nhiêu tiền'은 주어 뒤에 위치합니다.

주어 + bao nhiêu tiền?

Cái áo này bao nhiêu tiền?   이 옷은 얼마예요?

2 các

'các'은 '~들'이라는 의미로 복수를 나타내는 표현입니다. 주로 사람을 지칭할 때 쓰이지만 사물에도 쓸 수 있습니다.

❶ 'các'은 명사 앞에 위치하며, 특정한 그룹을 지칭하는 명사를 만들 수 있습니다.

các + 명사

bạn (친구) → các bạn (친구들)

học sinh (학생) → các học sinh (학생들)

phòng (방) → các phòng (방들)

Các cái khác 400.000 đồng ạ.   다른 것들은 400,000동이에요.

Các chị ấy đang uống cà phê.   그녀들은 커피를 마시고 있어요.

Các sinh viên đang chuẩn bị cho lễ hội. 대학생들은 축제를 준비하고 있어요.

문장으로 연습해요!

오늘의 표현을 활용한 문장을 반복해서 읽어 보세요.

1. 깸 다잉 장 바오 니에우 띠엔
   Kem đánh răng bao nhiêu tiền?   치약 얼마예요?

2. 저우 고이 바오 니에우 띠엔
   Dầu gội bao nhiêu tiền?   샴푸 얼마예요?

3. 까 페 쓰어 다 바오 니에우 띠엔
   Cà phê sữa đá bao nhiêu tiền?   아이스 연유 커피 얼마예요?

4. 똠 꼼 바오 니에우 띠엔
   Tổng cộng bao nhiêu tiền?   총 얼마예요?

5. 찌엑 쌔 오 또 나이 바오 니에우 띠엔
   Chiếc xe ô tô này bao nhiêu tiền?   이 자동차는 얼마예요?

🔊 6 깍 펌   어이 당   쫌
     Các phòng ấy đang trống.   그 방들은 비어 있어요.

🔊 7 깍 찌 어이 당   우옹 까 페
     Các chị ấy đang uống cà phê.   그녀들은 커피를 마시고 있어요.

🔊 8 깍 반   꺼 코애   콤
     Các bạn có khoẻ không?   여러분 잘 지냈나요?

🔊 9 깍 앰   하이 랑   응애
     Các em hãy lắng nghe!   얘들아 잘 들어!

🔊 10 깍 까이 칵   본 짬 응인 돔 아
      Các cái khác 400.000 đồng ạ.   다른 것들은 400,000동이에요.

실전처럼 말해봐요!

🎧 Track 23-03

민호: 까이 아오 나이 바오 니에우 띠엔
Cái áo này bao nhiêu tiền?

점원: 남 짬 응인 돔 아
500.000 đồng ạ.

민호: 테 깍 까이 칵 바오 니에우 띠엔
Thế các cái khác bao nhiêu tiền?

점원: 깍 까이 칵 본 짬 응인 돔 아
Các cái khác 400.000 đồng ạ.

새 단어
- áo 아오
  옷
- khác 칵
  다른

🔖 한국어 뜻만 보고, 베트남어로 말하는 연습을 해 보세요!

민호: 이 옷은 얼마예요?

점원: 500,000동이에요.

민호: 그러면 다른 것들은 얼마예요?

점원: 다른 것들은 400,000동이에요.

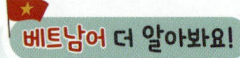 'các' 사용 시 주의할 점

các 은 이미 복수 의미가 있기 때문에 숫자와 결합할 수 없습니다.
예) ba cái bàn (3개의 책상) → các ba cái bàn (x)

복습하며 풀어봐요!

1 다음 중 올바른 문장을 고르세요.

① Cái này bao nhiêu tiền?

② Bao nhiêu tiền cái này?

③ Này cái bao nhiêu tiền?

2 다음 문장을 베트남어로 써 보세요.

❶ 이 신발은 얼마예요?
▶ Đôi giày này _____ ?

*dôi (도이) 쌍, 켤레 등
(짝을 이루는 사물 또는 사람 앞에 사용하는 종별사)

❷ 커피 한 잔은 얼마예요?
▶ Một ly _____ ?

*ly (리) 유리컵, 잔

❸ 그 오토바이는 얼마예요?
▶ Chiếc xe máy đó _____ ?

3 다음 제시된 대화를 완성해 보세요.

Ⓐ _____ ?
이거 얼마예요?

Ⓑ Cái này _____ đồng. _____ đồng.
이것은 20,000동입니다.   다른 것들은 10,000동이에요.

직접 쓰며 익히는 베트남어 표현

● 치약 얼마예요?

Kem đánh răng bao nhiêu tiền?

● 샴푸 얼마예요?

Dầu gội bao nhiêu tiền?

● 아이스 연유 커피 얼마예요?

Cà phê sữa đá bao nhiêu tiền?

● 총 얼마예요?

Tổng cộng bao nhiêu tiền?

◉ 그 방들은 비어 있어요.

Các phòng ấy đang trống.

✎

◉ 그녀들은 커피를 마시고 있어요.

Các chị ấy đang uống cà phê.

✎

◉ 얘들아 잘 들어!

Các em hãy lắng nghe!

✎

◉ 다른 것들은 400,000동이에요.

Các cái khác 400.000 đồng ạ.

✎

BÀI 24

반쌔오 3개 주세요.
Cho anh 3 bánh xèo.

24과 전체 음원

★ 학습 내용을 미리 살펴봐요!

오늘은 음식을 주문하거나 무엇을 달라고 요청할 때 사용하는 동사와 친근하게 부탁하거나 제안할 때 사용하는 문미 조사에 대해 배워보려고 합니다. 이 표현들을 배우고 나면 '콜라 두 캔 주세요', '쌀국수 한 그릇 주세요'와 같이 음식을 주문하거나 '즐겁게 놀아!'와 같이 친근하고 부드럽게 말하는 뉘앙스의 문장을 익히게 됩니다.

★ 주요 단어를 미리 확인해요!

 Track 24-01

cơm rang	mì xào	bát	hoá đơn
껌 장	미 싸오	받	호아 던
볶음밥	볶음면	그릇	영수증
nhậu	đừng	khóc	lo lắng
녀우	등	컵	러 랑
(술) 마시다	~하지 마라	울다	걱정하다

개념부터 알아봐요!

1 cho

동사 'cho'는 다양한 의미로 사용되는데 '주다', '허락하다', '~위해' 등의 의미가 있습니다. 보통 식당에서 음식을 주문할 때 가장 보편적으로 사용됩니다.

❶ 'cho'는 주어와 명사 앞에 위치합니다.

> Cho + 주어 + 명사.

Cho anh 3 cái bánh xèo.　　　　　반쌔오 3개 주세요.

❷ '제발', '~해 주세요', '부탁하다'라는 의미의 'làm ơn'을 붙여 더욱 공손한 느낌을 줄 수 있습니다.

> Làm ơn cho + (주어) + 명사.

Làm ơn cho anh một cái bánh mì.　　반미 한 개 주세요.

2 nhé

문미 조사 'nhé'는 상대방에게 부드럽게 부탁하거나 제안할 때 사용되며, 친근하고 부드러운 느낌을 줍니다.

❶ 'nhé'는 문장의 맨 끝에 덧붙여 사용합니다.

> 평서문 + nhé!

Ăn thoải mái nhé!　　　　　마음껏 먹어!
Đi chơi vui vẻ nhé!　　　　즐겁게 놀아!

문장으로 연습해요!

오늘의 표현을 활용한 문장을 반복해서 읽어 보세요.

1. 쩌 앰 몯 까 페 쓰어 다
   Cho em 1 cà phê sữa đá.　　아이스 연유 커피 하나 주세요.

2. 쩌 앰 몯 껌 장 바 몯 미 싸오
   Cho em 1 cơm rang và 1 mì xào.　　볶음밥 하나랑 볶음면 하나 주세요.

3. 쩌 아잉 몯 받 퍼 가
   Cho anh một bát phở gà.　　닭고기 쌀국수 한 그릇 주세요.

4. 쩌 찌 호아 던
   Cho chị hoá đơn.　　영수증 주세요.

5. 쩌 찌 까이 나이
   Cho chị cái này.　　이거 주세요.

　　　　갑　어 더　내
6 Gặp ở đó nhé!　　　　　　　　　　거기에서 만나!

　　　또이 나이　디 녀우　내
7 Tối nay, đi nhậu nhé!　　　　　　오늘 저녁에 술 마시러 가자!

　　지웁　아잉　내
8 Giúp anh nhé!　　　　　　　　　도와주세요!

　　　등　컵　내
9 Đừng khóc nhé!　　　　　　　　울지 말아요!

　　　등　러 랑　내
10 Đừng lo lắng nhé!　　　　　　　걱정하지 마세요!

실전처럼 말해봐요!

🎧 Track 24-03

민호
쩌   아잉 바 바잉   쌔오
Cho anh 3 bánh xèo.

마이
니에우   테 아
Nhiều thế ạ?

민호
홈   나이   아잉 카오   안 토아이 마이 냬
Hôm nay, anh khao. Ăn thoải mái nhé!

마이
앰   깜   언 아잉 아
Em cảm ơn anh ạ!

새 단어
- nhiều 니에우
  많이
- khao 카오
  한턱 쏘다

🔖 한국어 뜻만 보고, 베트남어로 말하는 연습을 해 보세요!

민호 반쌔오 3개 주세요.

마이 그렇게 많이요?

민호 오늘 내가 쏠게. 마음껏 먹어!

마이 감사합니다!

복습하며 풀어봐요!

1 다음 중 올바른 문장을 고르세요.

① Cho tôi một ly nước.

② Cho tôi ly nước một.

③ Cho tôi nước một ly.

2 다음 제시된 문장을 부탁, 제안하는 문장으로 바꿔 보세요.

❶ Đi chơi

▶ _____! (놀러가자!)

❷ Ăn nhiều

▶ _____! (많이 먹어!)

❸ Giúp tôi

▶ _____! (도와줘요!)

3 다음 제시된 대화를 완성해 보세요.

ⓐ Chúng ta _____!

우리 저녁 먹으러 가자!

ⓑ Được rồi, _____!

좋아, 가자!

직접 쓰며 익히는 베트남어 표현

◉ 아이스 연유 커피 하나 주세요.

Cho em 1 cà phê sữa đá.

✎

◉ 볶음밥 하나랑 볶음면 하나 주세요.

Cho em 1 cơm rang và 1 mì xào.

✎

◉ 닭고기 쌀국수 한 그릇

Cho anh một bát phở gà.

✎

◉ 영수증 주세요.

Cho chị hoá đơn.

✎

◎ 거기에서 만나!

Gặp ở đó nhé!

◎ 도와주세요!

Giúp anh nhé!

◎ 울지 말아요!

Đừng khóc nhé!

◎ 걱정하지 마세요!

Đừng lo lắng nhé!

BÀI 25

프린터가 고장났잖아요.
Máy in bị hỏng mà ạ.

25과 전체 음원

★ 학습 내용을 미리 살펴봐요!

오늘은 부정적인 상황 또는 긍정적인 상황에 따른 수동태 표현에 대해 배워보려고 합니다. 이 표현들을 배우고 나면 '그는 혼났다', '휴대폰이 고장났다'와 같이 부정적인 상황을 나타내는 수동태나 '나는 칭찬을 받았다', '그녀는 승진했다'와 같이 긍정적인 상황을 나타내는 수동태 문장을 말할 수 있게 됩니다.

★ 주요 단어를 미리 확인해요!

 Track 25-01

cảnh sát	phạt	mắng	thầy giáo
까잉 쌋	팟	망	터이 지아오
경찰	처벌하다	혼나다, 꾸짖다	남자 선생님
khen (ngợi)	đau	đầu	tắc
캔 (응어이)	다우	더우	딱
칭찬하다	아프다	머리	막히다
trộm	thăng chức	nhận	tiền thưởng
쫌	탕 쯕	년	띠엔 트엉
훔치다	승진하다	받다	상여금
mời	dự tiệc	tặng	(món) quà
머이	즈 띠엑	땅	(먼) 꾸아
초대하다, 대접하다	파티에 참석하다	선물하다, 주다	선물

개념부터 알아봐요!

1 bị

동사 'bị'는 '~당하다', '~되다' 등의 의미로 주로 부정적 의미나 나쁜 결과에 사용됩니다.

① 'bị' 뒤에는 부정적인 행위, 동작 등을 나타내는 동사가 위치하며 중간에 행위자를 넣을 수도 있습니다.

주어 + bị + (행위자) + 동사.

Nam bị cảnh sát phạt.　　　　　　　Nam은 경찰에게 벌금을 받았다.

Tip

행위자가 명확하지 않거나 굳이 언급할 필요가 없을 때는 생략합니다.
- Em bị mẹ mắng. 엄마에게 꾸중을 듣다. → Em bị mắng. 꾸중을 듣다.

2 được

동사 'được'은 '~받다', '~되다' 등의 의미로 긍정적인 결과나 좋은 상황을 강조할 때 사용됩니다.

① 'được' 뒤에는 긍정적인 행위, 동작 등을 나타내는 동사가 위치하며 중간에 행위자를 넣을 수도 있습니다.

주어 + được + (행위자) + 동사.

Xe máy được sửa rồi.　　　　　　　오토바이 고쳤어.
An được thầy giáo khen.　　　　　　An은 선생님으로부터 칭찬을 받았다.

문장으로 연습해요!

오늘의 표현을 활용한 문장을 반복해서 읽어 보세요.

1. 찌 비 다우 더우
   Chị bị đau đầu.   머리가 아파.

2. 드엉 비 딱
   Đường bị tắc.   길이 막혀.

3. 꼬 어이 비 먿 뚜이 싸익
   Cô ấy bị mất túi xách.   그녀는 가방을 잃어버렸어요.

4. 아잉 어이 비 팓
   Anh ấy bị phạt.   그는 처벌을 받아요.

5. 쌔 꾸어 아잉 어이 비 쫌
   Xe của anh ấy bị trộm.   그의 차는 도난당했어요.

6. 찌 드억 탕 쯕
Chị được thăng chức. 나는 승진했어.

7. 찌 드억 년 띠엔 트엉
Chị được nhận tiền thưởng. 나는 상여금을 받았어.

8. 쭘 또이 드억 머이 즈 띠엑
Chúng tôi được mời dự tiệc. 우리는 파티에 초대받았어요.

9. 꼬 어이 드억 캔 응어이
Cô ấy được khen ngợi. 그녀는 칭찬을 받았어요.

10. 아잉 어이 드억 땅 못 먼 꾸아
Anh ấy được tặng một món quà. 그는 선물을 받았어요.

실전처럼 말해봐요!

🎧 Track 25-03

민호
앰 다 인 따이 리에우 쯔어
Em đã in tài liệu chưa?

마이
쯔어 아 마이 인 비 헝 마 아
Chưa ạ. Máy in bị hỏng mà ạ.

민호
쌍 나이 마이 인 드억 쓰어 조이
Sáng nay, máy in được sửa rồi.

마이
버이 아
Vậy ạ?

📖 새 단어

- in 인
  인쇄하다
- tài liệu 따이 리에우
  자료
- máy in 마이 인
  프린터
- hỏng 헝
  고장나다

📑 한국어 뜻만 보고, 베트남어로 말하는 연습을 해 보세요!

민호 자료 프린트했어?

마이 아직이요. 프린터가 고장났잖아요.

민호 오늘 오전에 프린터 고쳤어.

마이 그래요?

🇻🇳 베트남어 더 알아봐요! 상황별 'bị'와 'được'의 쓰임

<부정적인 사건>		<좋은 결과나 혜택을 받았을 때>	
Anh bị mất ví.	나는 지갑을 잃어버렸다.	Chúng tôi được nghỉ phép.	우리는 휴가를 받았다.
<원하지 않는 상황>		<선물, 칭찬, 도움을 받을 때>	
Chúng tôi bị sa thải.	우리는 해고당했다.	Em được tặng một món quà.	저는 선물을 받았어요.
<부정적인 감정>		<요청이나 허락을 받을 때>	
Cô ấy bị thất vọng.	그녀는 실망했다.	Anh ấy được tham gia cuộc thi.	그는 대회에 참가하게 되었다.

*ví (비) 지갑
*sa thải (싸 타이) 해고하다
*thất vọng (털 벙) 실망한

복습하며 풀어봐요!

1 다음 빈칸에 'bị' 또는 'được'을 넣어 문장을 완성하세요.

❶ Em _____ vì không làm bài tập.   *vì (비) 왜냐하면
저는 숙제를 하지 않아서 꾸중을 들었어요.

❷ Họ _____ mời đi ăn tối. 그들은 저녁을 초대받았어요.

❸ Cái ly _____ vỡ. 그 컵이 깨졌어요.   *vỡ (버) 깨지다

❹ Chúng tôi _____ thưởng vì làm việc tốt.   *thưởng (트엉) 보상/보답하다
우리는 일을 잘해서 보상을 받았어요.   *tốt (똣) 좋은

2 다음 단어들을 올바른 순서로 배열하여 문장을 완성하세요.

❶ 그의 차는 도난당했어요.
bị / trộm / của / anh ấy / xe

▶ _____.

❷ 그녀는 칭찬받았어요.
ngợi / được / cô ấy / khen

▶ _____.

❸ 길이 막혀요.
tắc / đường / bị

▶ _____.

❹ 그는 선물을 받았어요.
được / anh ấy / một / tặng / món quà

▶ _____.

직접 쓰며 익히는 베트남어 표현

◎ 머리가 아파.

Chị bị đau đầu.

✎

◎ 그녀는 가방을 잃어버렸어요.

Cô ấy bị mất túi xách.

✎

◎ 그는 처벌을 받아요.

Anh ấy bị phạt.

✎

◎ 그의 차는 도난당했어요.

Xe của anh ấy bị trộm.

✎

◎ 나는 승진했어.

Chị được thăng chức.

◎ 나는 상여금을 받았어.

Chị được nhận tiền thưởng.

◎ 우리는 파티에 초대받았어요.

Chúng tôi được mời dự tiệc.

◎ 그녀는 칭찬을 받았어요.

Cô ấy được khen ngợi.

BÀI 26

오늘 택시로 출근한 게 맞죠?
Hôm nay, anh đi làm bằng tắc-xi đúng không?

★ 학습 내용을 미리 살펴봐요!

오늘은 교통수단, 도구, 방법 등을 표현하는 전치사와 상대방에게 무엇을 권장하거나 조언할 때 사용하는 조동사에 대해 배워보려고 합니다. 이 표현들을 배우고 나면 '신용 카드로 결제해요', '버스로 출근해요'와 같이 수단을 나타내거나 '옷을 따뜻하게 입는 게 좋아', '병원을 가는 게 좋겠어'와 같이 조언하는 문장을 말할 수 있게 됩니다.

★ 주요 단어를 미리 확인해요!

 Track 26-01

chuyển tiền	sớm	hơn	mỗi ngày
쭈이엔 띠엔	썸	헌	모이 응아이
송금하다	이른, 일찍	~보다, 더	매일
xe điện ngầm	**bỏ**	**rượu**	**đi**
쌔 디엔 응엄	버	즈어우	디
지하철	끊다, 버리다	술	~해라(문미 조사로 명령, 청유의 의미)
khám bệnh	**ấm**	**đeo**	**kính**
캄 베잉	엄	대오	낑
진찰하다, 진료하다	따뜻한	착용하다	안경

222 꼬수진과 함께 나의 첫번째 베트남어 수업

개념부터 알아봐요!

1 bằng

전치사 'bằng'은 '~로', '~를 이용해서'의 의미로 수단, 도구, 방법 등을 나타냅니다.

❶ 'bằng'은 뒤에 교통수단, 도구, 방법을 나타내는 명사와 결합하여 사용합니다.

주어 + 동사 + bằng + 명사.

Em đi làm bằng xe máy. 저는 오토바이로 출근해요.
Chị chuyển tiền bằng app. 어플로 송금할게.

2 nên

조동사 'nên'은 '~하는 게 좋다'라는 의미로 조언이나 추천을 할 때 사용합니다.

❶ 'nên'은 동사 앞에 위치하여 강제성이 없는 부드러운 느낌을 줍니다.

주어 + nên + 동사.

Hôm nay anh nên đi ngủ sớm hơn. 오늘은 더 일찍 자는 게 좋겠어요.
Chị nên tập thể dục mỗi ngày. 운동을 매일 하는 게 좋겠어요.

문장으로 연습해요!

오늘의 표현을 활용한 문장을 반복해서 읽어 보세요.

1. 앰 타잉 또안 방 태
   Em thanh toán **bằng** thẻ.   카드로 결제할게요.

2. 앰 쭈이엔 띠엔 방 앱
   Em chuyển tiền **bằng** app.   어플로 송금할게요.

3. 아잉 디 람 방 쌔 디엔 응엄
   Anh đi làm **bằng** xe điện ngầm.   나는 지하철로 출근해.

4. 쭘 또이 너이 쭈이엔 방 띠엥 비엣
   Chúng tôi nói chuyện **bằng** tiếng Việt.   우리는 베트남어로 대화해요.

5. 까이 나이 드억 람 방 지
   Cái này được làm **bằng** gì?   이거 무엇으로 만든 거예요?

🔊 **6** Chị nên tập thể dục mỗi ngày. 운동을 매일 하는 게 좋겠어요.

🔊 **7** Chị nên bỏ rượu đi. 술을 끊는 게 좋겠어요.

🔊 **8** Em nên đi khám bệnh. 진찰을 받으러 가는 게 좋겠어.

🔊 **9** Bạn nên mặc áo ấm. 옷을 따뜻하게 입는 게 좋을 것 같아.

🔊 **10** Anh nên đeo kính. 안경을 쓰는 게 좋을 것 같아요.

실전처럼 말해봐요!

🎧 Track 26-03

마이 홈 나이 아잉 디 람 방 딱씨 둠 콤
Hôm nay, anh đi làm bằng tắc-xi đúng không?

민호 으 쌍 나이 아잉 저이 무온
Ừ. Sáng nay, anh dậy muộn.

마이 버이 부오이 또이 아잉 넨 디 응우 썸 헌
Vậy, buổi tối anh nên đi ngủ sớm hơn.

민호 으
Ừ.

📖 **새 단어**
- dậy 저이
  일어나다
- buổi 부오이
  오전, 정오, 오후, 저녁 등 시간을 나타내는 종별사

🔖 한국어 뜻만 보고, 베트남어로 말하는 연습을 해 보세요!

마이 오늘 택시로 출근한 게 맞죠?

민호 응. 오늘 아침에 늦게 일어났어.

마이 그럼 저녁에 더 일찍 자는 게 좋을 것 같아요.

민호 응.

🇻🇳 베트남어 더 알아봐요! 권유, 조언을 나타내는 조동사

조동사	의미	강도	예문
nên	~하는 것이 좋다 (권장)	부드러운 조언	Bạn nên tập thể dục. (운동하는 것이 좋아.)
cần	~할 필요가 있다 (필요성)	필요성 강조	Bạn cần nghỉ ngơi. (너는 쉬어야 해.)
phải	반드시 ~해야 한다 (의무)	강한 의무	Bạn phải đến đúng giờ. (너는 제시간에 도착해야 해.)

*nghỉ ngơi (응이 응어이) 휴식하다
*đúng giờ (둠 지어) 제시간에, 정시에

복습하며 풀어봐요!

1 다음 문장의 의미로 알맞은 것을 고르세요.

> • Anh học tiếng Hàn bằng sách.

① 나는 한국어를 책을 통해 배운다.
② 나는 한국어를 선생님과 배운다.
③ 나는 한국어를 인터넷으로 배운다.
④ 나는 한국어를 친구와 배운다.

2 주어진 단어에 'bằng'을 포함하여 문장을 완성하세요.

❶ chị / máy tính / làm việc   나는 컴퓨터로 일해.   *máy tính (마이 띵) 컴퓨터

▶ _____ .

❷ chị / xe đạp / đi học   나는 자전거로 학교 가.

▶ _____ .

❸ chị / dao / cắt hoa quả   나는 칼로 과일을 깎아.
*dao (자오) 칼
*cắt (깓) 자르다, 깎다
*hoa quả (화 꾸아) 과일

▶ _____ .

3 'nên'을 사용하여 주어진 문장을 베트남어로 문장을 써 보세요.

❶ 집에 일찍 가는 게 좋겠어.

▶ _____ .

❷ 베트남어 공부를 하는 게 좋겠어.

▶ _____ .

직접 쓰며 익히는 베트남어 표현

● 카드로 결제할게요.

Em thanh toán bằng thẻ.

● 어플로 송금할게요.

Em chuyển tiền bằng app.

● 나는 지하철로 출근해.

Anh đi làm bằng xe điện ngầm.

● 이거 무엇으로 만든 거예요?

Cái này được làm bằng gì?

◎ 운동을 매일 하는 게 좋겠어요.

Chị nên tập thể dục mỗi ngày.

🖉

◎ 진찰을 받으러 가는 게 좋겠어.

Em nên đi khám bệnh.

🖉

◎ 옷을 따뜻하게 입는 게 좋을 것 같아.

Bạn nên mặc áo ấm.

🖉

◎ 안경을 쓰는 게 좋을 것 같아요.

Anh nên đeo kính.

🖉

BÀI 27

공항에 제시간에 도착해야 해.
Em phải đến sân bay đúng giờ nhé.

27과 전체 음원

★ 학습 내용을 미리 살펴봐요!

오늘은 어떤 일이 바로 발생하거나, 특정 시간에 즉시 이루어지는 경우 사용하는 부사와 의무, 필요성, 강한 조언을 나타내는 조동사에 대해 배워보려고 합니다. 이 표현들을 배우고 나면 '바로 전화할게', '바로 먹어!'와 같이 '즉시'를 의미하거나 '반드시 정시에 도착해야 해!'와 같이 의무성을 띄는 표현을 말할 수 있게 됩니다.

★ 주요 단어를 미리 확인해요!

 Track 27-01

hỏi 허이 질문하다, 묻다	trả lời 짜 러이 대답하다	trước khi 쯔억 키 ~하기 전에	gọi điện 거이 디엔 전화 걸다
giảm cân 지암 껀 살을 빼다	đúng giờ 둠 지어 정시, 제시간에	chăm chỉ 짬 찌 열심히 하는	sạc pin 싹 삔 배터리를 충전하다

230 꼬수진과 함께 나의 첫번째 베트남어 수업

개념부터 알아봐요!

1 ngay, luôn

부사 'ngay'는 시간을 포인트로 '즉시', '곧바로'를 나타내고, 'luôn'은 행동을 강조하여 '당장', '바로'라고 해석합니다. 두 단어 모두 어떤 일이 즉시 발생하거나 특정 시간에 곧바로 이루어지는 경우에 사용됩니다.

① 'ngay'와 'luôn'은 모두 동사 뒤에 위치합니다.

> 주어 + 동사 + ngay / luôn.

Mai hỏi Thanh, Thanh trả lời ngay. Mai는 Thanh에게 질문했고, Thanh은 바로 대답했어요.
Hãy thanh toán luôn cho chị. 바로 계산해 주세요.

2 phải

조동사 'phải'는 '~해야만 한다'라는 의미로 의무, 필요성, 강한 조언을 나타낼 때 사용됩니다.

① 'phải'은 동사 앞에 위치합니다.

> 주어 + phải + 동사.

Con phải học bài trước khi xem ti-vi. 텔레비전을 보기 전에 너는 숙제를 해야만 해.
Em phải về nước. 저는 귀국해야 해요.

문장으로 연습해요!

오늘의 표현을 활용한 문장을 반복해서 읽어 보세요.

1. 찌 파이 쓰어 응아이
   Chị phải sửa ngay.
   바로 수리해야 해요.

2. 하이 타잉 또안 루온 쩌 찌
   Hãy thanh toán luôn cho chị.
   바로 계산해 주세요.

3. 껀 쌔 베 냐 응아이
   Con sẽ về nhà ngay!
   저는 집에 바로 갈 거예요!

4. 아잉 쌔 거이 디엔 쩌 앰 응아이
   Anh sẽ gọi điện cho em ngay.
   너에게 바로 전화할게.

5. 반 파이 덴 더이 응아이
   Bạn phải đến đây ngay!
   너는 즉시 여기로 와야 해!

Track 27-02

앰 파이 지암 껀
6 Em phải giảm cân.   살을 빼야 해요.

뚜언 싸우 앰 파이 베 느억
7 Tuần sau, em phải về nước.   다음 주에 저는 귀국해야 해요.

앰 파이 덴 둠 지어
8 Em phải đến đúng giờ!   정시에 와야만 해!

껀 파이 헙 짬 찌 내
9 Con phải học chăm chỉ nhé!   공부 열심히 해야 해!

앰 파이 싹 삔 디엔 토아이
10 Em phải sạc pin điện thoại.   저는 핸드폰을 충전해야 해요.

실전처럼 말해봐요!

🎧 Track 27-03

민호 A lô? Em (đã) xuất phát chưa?
알로 앰 다 쑤얻 팓 쯔어

마이 Bây giờ, em đi ngay ạ.
버이 지어 앰 디 응아이 아

민호 Em phải đến sân bay đúng giờ nhé.
앰 파이 덴 썬 바이 둠 지어 내

마이 Vâng ạ.
벙 아

새 단어
- xuất phát 쑤얻 팓
  출발하다
- sân bay 썬 바이
  공항

🔖 한국어 뜻만 보고, 베트남어로 말하는 연습을 해 보세요!

민호 여보세요? 출발했어?

마이 지금 바로 갈게요.

민호 공항에 제시간에 도착해야 해.

마이 네.

복습하며 풀어봐요!

1 다음 문장을 'phải'를 사용하여 바꿔 보세요.

① Em làm bài tập. 저는 숙제를 해요.
▶ Em _____.

② Em đi làm sớm. 저는 일찍 출근해요.
▶ Em _____.

2 다음 제시된 문장을 한국어로 해석해 보세요.

① Bây giờ anh đi ngay.
▶ _____.

② Em xuất phát chưa?
▶ _____?

③ Chị phải về nhà đúng giờ nhé!
▶ _____!

3 다음 제시된 대화를 보고 빈칸에 알맞은 단어를 써 보세요.

Ⓐ Em đã viết báo cáo chưa? Hôm nay _____ nộp đấy!
보고서 썼어? 오늘 제출해야만 해!

*viết (비엣) 쓰다
*báo cáo (바오 까오) 보고서, 보고하다
*nộp (놉) 제출하다, 내다
*đấy (더이) ~해, ~이야(문미 조사로 행동 강조, 반응 유도의 역할)

Ⓑ Vâng, em sẽ _____.
네, 바로 보낼게요.

직접 쓰며 익히는 베트남어 표현

● 바로 수리해야 해요.

Chị phải sửa ngay.

● 바로 계산해 주세요.

Hãy thanh toán luôn cho chị.

● 저는 집에 바로 갈 거예요!

Con sẽ về nhà ngay!

● 너는 즉시 여기로 와야 해!

Bạn phải đến đây ngay!

◎ 다음 주에 저는 귀국해야 해요.

Tuần sau, em phải về nước.

◎ 정시에 와야만 해!

Em phải đến đúng giờ!

◎ 공부 열심히 해야 해!

Con phải học chăm chỉ nhé!

◎ 저는 핸드폰을 충전해야 해요.

Em phải sạc pin điện thoại.

BÀI 28

이 스타일이 마음에 드는데 조금 작네요.
Anh thích mẫu này nhưng mà hơi nhỏ.

28과 전체 음원

★ 학습 내용을 미리 살펴봐요!

오늘은 어떠한 행동에 대한 목적을 나타낼 때 사용하는 전치사와 반대되는 생각이나 상황을 연결할 때 사용하는 접속사에 대해 배워보려고 합니다. 이 표현들을 배우고 나면 '베트남에 여행 가기 위해 베트남어를 공부해', '살 빼려고 운동해'와 같이 목적을 나타내거나 '그러나', '하지만'과 같이 문장을 이어주는 표현을 말할 수 있게 됩니다.

★ 주요 단어를 미리 확인해요!

Track 28-01

hơi 허이 약간	mặn 만 짠	tìm 띰 찾다	rau 자우 채소
giữ gìn 지으 진 유지하다, 지키다	sức khoẻ 쓱 코애 건강	tránh 짜잉 피하다	kẹt xe 깯 쌔 교통이 혼잡한
sân gôn 썬 곤 골프장	thông minh 톰 밍 똑똑한, 총명한	cố gắng 꼬 강 노력하다	đủ 두 충분한

개념부터 알아봐요!

1 để

전치사 'để'는 '~하기 위해서', '~하려고'라는 의미로 특정 목적을 달성하기 위해 어떤 행동이나 활동을 한다는 의미를 나타냅니다.

① 'để'는 목적을 나타내는 동사 앞에 위치합니다.

> 주어 + 동사 + để + 동사(목적).

Mình học tiếng Việt để làm việc ở Việt Nam.   나는 베트남에서 일하려고 베트남어 공부해.

2 nhưng mà

접속사 'nhưng mà'는 '하지만', '그러나'의 의미를 가지며, 두 문장이나 구절을 연결하여 대조적인 내용이나 반대되는 내용을 나타낼 때 사용합니다.

① 'nhưng (mà)'는 반대되는 문장과 문장 사이에 위치합니다.

> 문장 + nhưng mà + 문장.

Món này ngon nhưng mà hơi mặn.   이 음식은 맛있은데 약간 짜요.
Em muốn đi chơi nhưng mà phải làm bài tập.   저는 놀러가고 싶지만 숙제를 해야 해요.

Tip

'nhưng'과 'nhưng mà'는 의미가 비슷하지만, 'mà(하지만)'를 덧붙일 경우 조금 더 강조의 느낌을 나타내어 주로 구어체에서 많이 쓰입니다. 'mà(하지만)' 역시 단독으로 쓰일 수 있습니다.

- nhưng: 조금 더 간단하고 공식적인 표현으로 일반적인 반대나 대조를 표현할 때
- nhưng mà: 일상적인 대화에서 주로 사용되며, 대화가 조금 더 자연스럽게 이어지고 강조되는 느낌

문장으로 연습해요!

오늘의 표현을 활용한 문장을 반복해서 읽어 보세요.

1 아잉 덴 데 띰 냐
Anh đến để tìm nhà.
집을 구하러 왔어요.

2 아잉 거이 디엔 데 닫 반
Anh gọi điện để đặt bàn.
테이블을 예약하려고 전화했어요.

3 꼬 어이 안 니에우 자우 데 지으 진 쓱 코애
Cô ấy ăn nhiều rau để giữ gìn sức khoẻ.
그녀는 건강을 유지하기 위해 많은 채소를 먹어요.

4 꼬 어이 헙 띠엥 비엩 데 디 주 릭 비엩 남
Cô ấy học tiếng Việt để đi du lịch Việt Nam.
그녀는 베트남 여행 가기 위해 베트남어 공부해.

5 꼬 어이 디 람 썸 데 짜잉 깯 쌔
Cô ấy đi làm sớm để tránh kẹt xe.
그녀는 교통 체증을 피하기 위해 일찍 출근해요.

🔊 **6** 썬 곤 나이 댑 니응 마 허이 싸
Sân gôn này đẹp nhưng mà hơi xa.
이 골프장은 좋지만 약간 멀어요.

🔊 **7** 먼 나이 응언 니응 마 허이 만
Món này ngon nhưng mà hơi mặn.
이 음식은 맛있는데 약간 짜요.

🔊 **8** 앰 무온 디 쩌이 니응 마 파이 람 바이 떱
Em muốn đi chơi nhưng mà phải làm bài tập.
저는 놀러가고 싶지만 숙제를 해야 해요.

🔊 **9** 꼬 어이 젙 톰 밍 니응 마 콤 꼬 강
Cô ấy rất thông minh nhưng mà không cố gắng.
그녀는 매우 똑똑하지만 노력하진 않아.

🔊 **10** 아잉 틱 디 주 릭 니응 마 콤 두 띠엔
Anh thích đi du lịch nhưng mà không đủ tiền.
나는 여행을 좋아하지만 돈이 충분하지 않아.

실전처럼 말해봐요!

🎧 Track 28-03

민호: Anh muốn mua túi xách để tặng bạn gái.
(아잉 무온 무어 뚜이 싸익 데 땅 반 가이)

점원: Vâng ạ. Anh thích mẫu nào ạ?
(벙 아 아잉 틱 머우 나오 아)

민호: Anh thích mẫu này nhưng mà hơi nhỏ.
(아잉 틱 머우 나이 니응 마 허이 녀)

점원: Vậy mẫu này thế nào ạ?
(버이 머우 나이 테 나오 아)

새 단어
- mẫu 머우
  스타일, 모델, 양식

🔖 한국어 뜻만 보고, 베트남어로 말하는 연습을 해 보세요!

민호: 여자 친구에게 선물해 주려고 가방 좀 사고 싶어요.

점원: 네. 어떤 스타일을 좋아하세요?

민호: 이 스타일이 마음에 드는데 좀 작네요.

점원: 그럼 이 스타일은 어때요?

복습하며 풀어봐요!

1 아래 문장을 'để'를 사용하여 목적을 나타내는 문장으로 바꿔 보세요.

① 나는 베트남어를 배워. (목적: 여행을 위해서)

▶ Anh học tiếng Việt _____ đi du lịch.

② 우리는 일찍 출발해요. (목적: 지각하지 않기 위해서)

▶ Chúng ta đi sớm _____ không bị muộn.

③ 그는 운동을 해요. (목적: 건강을 위해서)

▶ Anh ấy tập thể dục _____ có sức khoẻ tốt.

2 주어진 단어를 활용하여 다음 문장을 완성해 보세요.

① 나는 열심히 일하지만 건강하지 않아.   chăm chỉ / khoẻ mạnh   *khoẻ mạnh (코애 마잉) 건강한

▶ _____.

② 나는 피자를 좋아하지만 치킨은 좋아하지 않아.   thích pizza / gà rán   *rán (잔) 튀기다

▶ _____.

3 다음 의미에 맞도록 대화를 완성해 보세요.

🅐 Chị đi _____ ?

누나는 베트남에 뭐 하러 가요?

🅑 Anh không thích đi _____.

나는 출장 가는 것을 싫어하지만 가야만 해.

직접 쓰며 익히는 베트남어 표현

◉ 테이블을 예약하려고 전화했어요.

Anh gọi điện để đặt bàn.

◉ 그녀는 건강을 유지하기 위해 많은 채소를 먹어요.

Cô ấy ăn nhiều rau để giữ gìn sức khoẻ.

◉ 그녀는 베트남 여행 가기 위해 베트남어 공부해.

Cô ấy học tiếng Việt để đi du lịch Việt Nam.

◉ 그녀는 교통 체증을 피하기 위해 일찍 출근해요.

Cô ấy đi làm sớm để tránh kẹt xe.

◐ 이 음식은 맛있는데 약간 짜요.

Món này ngon nhưng mà hơi mặn.

◐ 저는 놀러가고 싶지만 숙제를 해야 해요.

Em muốn đi chơi nhưng mà phải làm bài tập.

◐ 그녀는 매우 똑똑하지만 열심히 하진 않아.

Cô ấy rất thông minh nhưng mà không cố gắng.

◐ 나는 여행을 좋아하지만 돈이 충분하지 않아.

Anh thích đi du lịch nhưng mà không đủ tiền.

BÀI 29
집 안으로 들어오세요.
Mời anh vào nhà.

29과 전체 음원

★ 학습 내용을 미리 살펴봐요!

오늘은 상대방에게 정중하게 권유하는 동사와 특정한 범위를 제한하여 나타낼 때 사용하는 부사에 대해 배워보려고 합니다. 이 표현들을 배우고 나면 '앉으세요', '들어오세요'와 같이 존칭을 포함하여 권유하거나 '오직 너만 사랑해', '나는 베트남어만 공부해'와 같이 범위를 강조하는 문장을 말할 수 있게 됩니다.

★ 주요 단어를 미리 확인해요!

 Track 29-01

vào 바오 들어가다, 들어오다	dùng 줌 드시다, 사용하다	giám đốc 지암 돕 사장	phát biểu 팥 비에우 연설하다, 발표하다
hành khách 하잉 카익 승객	lên 렌 오르다, 탑승하다	trà xanh 짜 싸잉 녹차	ngồi 응오이 앉다
theo 태오 따르다, 따라가다	bạn thân 반 턴 친한 친구	cơ hội 꺼 호이 기회	đùa 두어 농담하다

246 꼬수진과 함께 나의 첫번째 베트남어 수업

개념부터 알아봐요!

1 mời

동사 'mời'는 '~하세요', '부탁해요'라는 의미로 상대방에게 정중하게 권유할 때 사용합니다. 다른 사람에게 '~하도록 권유하다', '초대하다'로 해석할 수 있습니다.

❶ 'mời' 뒤에는 권유 또는 부탁을 받는 사람과 동사기 위치합니다.

> mời + 주어 + 동사.

Mời anh vào nhà. 집 안으로 들어오세요.

Tip

'xin mời'는 베트남어에서 초대나 권유를 표현할 때 조금 더 정중한 표현으로 사용합니다. 앞서 살펴본 'mời' 보다 더 공손하고 공식적인 자리(손님을 초대할 때, 공식 행사, 식사, 안내 방송 등)에서 많이 사용합니다.

- Xin mời anh dùng trà.   차를 드세요.
- Xin mời giám đốc phát biểu.   사장님께서 연설해 주시기 바랍니다.
- Xin mời hành khách lên máy bay.   승객 여러분 비행기에 탑승해 주시기 바랍니다.

2 chỉ…thôi

부사 'chỉ…thôi'는 '오직 ~만', '단지 ~할 뿐'이라는 의미를 나타냅니다. 특정한 범위를 제한하거나 강조할 때 사용되며 'thôi'는 경우에 따라 생략할 수 있습니다.

❶ 동사와 결합하는 경우 'chỉ'와 'thôi' 사이에 동사를 넣어 활용합니다.

> chỉ + 동사 + thôi.

Nhà em chỉ có trà xanh thôi. 집에 녹차만 있어요.

❷ 형용사와 결합하는 경우 'chỉ'와 'thôi' 사이에 형용사를 넣어 활용합니다.

> chỉ + 형용사 + thôi.

Em chỉ hơi mệt thôi. 조금 피곤할 뿐이에요.

문장으로 연습해요!

오늘의 표현을 활용한 문장을 반복해서 읽어 보세요.

머이 찌 응오이
1 **Mời** chị ngồi.　　　　　　　　　　앉으세요.

머이 찌 우옹 짜
2 **Mời** chị uống trà.　　　　　　　　　차 드세요.

머이 옹 디 쯔억
3 **Mời** ông đi trước.　　　　　　　　　먼저 가세요.

머이 찌 디 태오 앰
4 **Mời** chị đi theo em.　　　　　　　　따라오세요.

머이 아잉 거이 먼
5 **Mời** anh gọi món.　　　　　　　　　주문하세요. (직원이 손님에게)

앰 찌 베 한 꾸옥 바 응아이 토이
6 Em chỉ về Hàn Quốc 3 ngày thôi.   한국에 3일만 가요.

앰 찌 꺼 몯 짬 응인 돔 토이
7 Em chỉ có 100.000 đồng thôi.   100,000동만 있어요.

아잉 어이 찌 라 반 턴 토이
8 Anh ấy chỉ là bạn thân thôi.   그는 그냥 친한 친구일 뿐이에요.

아잉 찌 꺼 몯 꺼 호이 토이
9 Anh chỉ có một cơ hội thôi.   기회는 단 한 번뿐이야.

아잉 찌 두어 토이
10 Anh chỉ đùa thôi.   그냥 농담한 거야.

실전처럼 말해봐요!

🎧 Track 29-03

마이: 머이 아잉 바오 냐
Mời anh vào nhà.

민호: 으 깜 언 앰
Ừ, cảm ơn em.

마이: 냐 앰 찌 꺼 짜 싸잉 토이 아잉 꺼 우옹
Nhà em chỉ có trà xanh thôi. Anh có uống
드억 콤
được không?

민호: 으 아잉 우옹 드억 짜 싸잉
Ừ, anh uống được trà xanh.

새 단어

- mời 머이
  초대하다
- uống 우옹
  마시다

📑 한국어 뜻만 보고, 베트남어로 말하는 연습을 해 보세요!

마이: 집 안으로 들어오세요.

민호: 응, 고마워.

마이: 집에 녹차만 있어요. 마실 수 있나요?

민호: 응, 녹차 마실 수 있어.

복습하며 풀어봐요!

1 다음 제시된 단어를 어순에 알맞게 배열해 보세요.

① anh / ngồi / mời   앉으세요.
▶ _____.

② chị / mời / nước / uống   물 드세요.
▶ _____.

2 다음 제시된 문장을 'chỉ…thôi' 표현을 사용하여 바꿔 써 보세요.

① Em có một anh trai.
▶ _____.

② Chị muốn giúp em.
▶ _____.

3 다음 제시된 대화를 완성해 보세요.

Ⓐ Đến giờ ăn cơm rồi đấy! _____ anh _____.

밥 먹을 시간이네요! 밥 드세요!

Ⓑ Anh chưa đói.

나 아직 배가 안 고파.

직접 쓰며 익히는 베트남어 표현

● 앉으세요.

Mời chị ngồi.

● 먼저 가세요.

Mời ông đi trước.

● 따라오세요.

Mời chị đi theo em.

● 주문하세요. (직원이 손님에게)

Mời anh gọi món.

◎ 한국에 3일만 가요.

Em chỉ về Hàn Quốc 3 ngày thôi.

◎ 100,000동만 있어요.

Em chỉ có 100.000 đồng thôi.

◎ 기회는 단 한 번뿐이야.

Anh chỉ có một cơ hội thôi.

◎ 그냥 농담한 거야.

Anh chỉ đùa thôi.

BÀI 30 왜 어제 휴무였어?
Sao hôm qua em nghỉ làm?

30과 전체 음원

★ 학습 내용을 미리 살펴봐요!

오늘은 이유를 물어볼 때 사용하는 의문사와 이유 또는 결과에 대해 설명할 때 사용하는 접속사에 대해 배워보려고 합니다. 이 표현들을 배우고 나면 '베트남어를 왜 공부해요?'나 '왜냐하면 베트남에 여행 가기 때문이에요'와 같이 어떤 이유에 대해 묻고 답하는 문장을 말할 수 있게 됩니다.

★ 주요 단어를 미리 확인해요!

 Track 30-01

hôm qua 홈 꾸아 어제	ngoại ngữ 응오아이 응으 외국어	giận 지언 화내다	bầu trời 버우 쩌이 하늘
xanh 싸잉 푸른	quyết định 꾸이엗 딩 결정하다	như 니으 ~처럼, ~와 같이	cảm 깜 감기
nên 넨 그래서	thức khuya 특 쿠이아 늦게까지 깨어 있다	báo 바오 알리다, 말하다	làm quen 람 꾸앤 친해지다, 알게 되다

개념부터 알아봐요!

1 sao, tại sao, vì sao

의문사 'sao', 'tại sao', 'vì sao'는 '왜'라는 의미로 상황에 따라 뉘앙스를 구별하여 사용해야 합니다.

 'sao', 'tại sao', 'vì sao'는 문장 앞에 위치합니다.

> Sao + 주어 + 동사?   Tại sao + 주어 + 동사?   Vì sao + 주어 + 동사?

Sao hôm qua em nghỉ làm?   왜 어제 휴무였어?
Tại sao em đến muộn?   왜 늦었어?
Vì sao chúng ta phải học ngoại ngữ?   왜 우리는 외국어를 배워야 할까?

> **Tip** 뉘앙스의 차이
> - sao: 가장 짧고 구어체적인 '왜?' (주로 구어체에서 사용되며, 화난 느낌을 줄 수 있음)
> - tại sao: 원인에 초점을 맞춰 상대방에게 이유를 설명하도록 요구할 때 (비격식과 격식 모두 사용 가능)
> - vì sao: 'tại sao' 보다 더 부드럽고, 문학, 뉴스 등과 같이 공식적인 글에 주로 사용
>   (결과보다는 이유를 설명하는 데 초점, 감성적인 느낌)

2 vì, tại vì, bởi vì

접속사 'vì', 'tại vì', 'bởi vì'는 '왜냐하면'이라는 의미로 상황에 따라 뉘앙스를 구별하여 사용해야 합니다.

 'vì', 'tại vì', 'bởi vì'는 문장 앞에 위치합니다.

> Vì + 주어 + 동사.   Tại vì + 주어 + 동사.   Bởi vì + 주어 + 동사.

Vì chị bị ốm.   아파서.
Tại vì em bận.   바빠서요.
Bởi vì em muốn sống ở Việt Nam.   베트남에서 살고 싶어서요.

> **Tip** 사용 방법의 차이
> - vì: 가장 일반적인 '왜냐하면', 일상 대화와 문어체 모두 사용 가능
> - Tại vì: 부정적인 원인, 책임을 답하는 상황에 주로 사용되며 이유를 강조할 때 사용
> - bởi vì: 격식 있고 객관적인 이유를 설명할 때 사용
>   (공식적인 문장, 학문적으로 많이 사용되며 문어체에서 많이 사용)

문장으로 연습해요!

오늘의 표현을 활용한 문장을 반복해서 읽어 보세요.

싸오 아잉 덴 무온
1. **Sao** anh đến muộn?   왜 늦게 도착했어요?

따이 싸오 아잉 콤 우옹 느억 다
2. **Tại sao** anh không uống nước đá?   왜 얼음물 안 마셔요?

따이 싸오 찌 어이 지언
3. **Tại sao** chị ấy giận?   왜 그녀는 화가 났어요?

비 싸오 버우 쩌이 마우 싸잉
4. **Vì sao** bầu trời màu xanh?   왜 하늘은 파란색일까?

비 싸오 찌 어이 꾸이엗 딩 니으 테
5. **Vì sao** chị ấy quyết định như thế?   왜 그녀는 그렇게 결정했을까?

📢 6 비 아잉 어이 비 깜
Vì anh ấy bị cảm.   그가 감기에 걸려서요.

📢 7 비 람 비엑 니에우 넨 아잉 멭
Vì làm việc nhiều nên anh mệt.   일을 많이 해서 피곤해.

📢 8 비 앰 특 쿠이아 넨 콤 저이 썸 드억
Vì em thức khuya nên không dậy sớm được.
늦게까지 안 자서 일찍 일어날 수가 없어요.

📢 9 따이 비 앰 콤 바오 쯔억
Tại vì em không báo trước.   미리 알리지 않아서요.

📢 10 버이 비 앰 무온 람 꾸앤 버이 찌
Bởi vì em muốn làm quen với chị.   친해지고 싶어서요.

실전처럼 말해봐요!

🎧 Track 30-03

민호 싸오 홈 꾸아 앰 응이 람
Sao hôm qua em nghỉ làm?

마이 비 앰 비 옴 아
Vì em bị ốm ạ.

민호 버이 지어 앰 테 나오
Bây giờ, em thế nào?

마이 버이 지어 앰 콤 싸오 아
Bây giờ, em không sao ạ.

📖 새 단어

- không sao 콤 싸오
  괜찮은, 문제없는

📕 한국어 뜻만 보고, 베트남어로 말하는 연습을 해 보세요!

민호 왜 어제 휴무였어?

마이 아파서요.

민호 지금은 어때?

마이 지금은 괜찮아요.

🇻🇳 베트남어 더 알아봐요! 원인과 결과를 나타내는 'vì~nên' 활용하기

원인을 자연스럽게 결과와 연결시키는 경우 'vì~nên' 문형을 활용할 수 있습니다.

vì + 원인 + nên + 결과 | tại vì + 원인 + nên + 결과 | bởi vì + 원인 + nên + 결과

예) · Vì anh ấy bị ốm nên không đi học. (일반적인 이유 설명)
　　· Tại vì anh ấy bị ốm nên không đi học. (아파서 못 간 이유 강조)
　　· Bởi vì anh ấy bị ốm nên không đi học. (공식적인 보고서나 뉴스에서 사용)

복습하며 풀어봐요!

1 다음 문장을 의문문으로 바꿔 써 보세요.

① Anh học tiếng Việt.
▶ _____ ?

② Chị đến muộn.
▶ _____ ?

③ Anh quyết định như thế.
▶ _____ ?

2 다음 알맞은 문장을 연결하세요.

① Vì mệt   • • Ⓐ nên tôi giận.

② Tại vì anh ấy đến muộn   • • Ⓑ nên anh ấy nghỉ ngơi ở nhà.

③ Vì trời mưa   • • Ⓒ nên em bị ướt.

*ướt (으얻) 젖은

3 다음 제시된 대화를 완성해 보세요.

Ⓐ _____ tối qua anh gọi điện cho em?
왜 어제 저녁에 전화했어?

Ⓑ _____ anh nhớ em.
네가 보고 싶어서.

*nhớ (니어) 그리워하다, 기억하다

직접 쓰며 익히는 베트남어 표현

● 왜 늦게 도착했어요?

Sao anh đến muộn?

● 왜 얼음물 안 마셔요?

Tại sao anh không uống nước đá?

● 왜 그녀는 화가 났어요?

Tại sao chị ấy giận?

● 왜 그녀는 그렇게 결정했을까?

Vì sao chị ấy quyết định như thế?

◉ 그가 감기에 걸려서요.

Vì anh ấy bị cảm.

◉ 늦게까지 안 자서 일찍 일어날 수가 없어요.

Vì em thức khuya nên không dậy sớm được.

◉ 미리 알리지 않아서요.

Tại vì em không báo trước.

◉ 친해지고 싶어서요.

Bởi vì em muốn làm quen với chị.

부록

연습 문제 정답

Bài 01 p. 27

1 ② là

2 1) Xin chào
   2) là
   3) là

3 A) Còn
   B) Còn

Bài 02 p. 35

1 1) cũng sống ở Hà Nội
   2) Em cũng uống cà phê

2 1) Anh uống cái này được không
   2) Anh xem ảnh này được không

3 A) uống cà phê / được không
   B) Em cũng thích uống cà phê

Bài 03 p. 43

1 1) 책 있으세요
   2) 같이 베트남 가자
   3) 아니요, 저는 차가 없어요

2 1) Anh có em gái không
   2) Em ấy có xe máy không
   3) Anh không có tiền

3 A) có rượu vang không
   B) Cùng uống đi

Bài 04 p. 51

1 1) Ⓑ Anh ấy là anh Minh, bạn trai của em.
   2) Ⓐ Là của em ạ.
   3) Ⓒ Tối nay anh gặp bạn.

2 1) Ai sống ở Hà Nội
   2) Anh sống với ai
   3) Anh yêu ai

3 B) Em gặp bạn của em

Bài 05 p. 59

1 1) 의문문: Anh có bận không
      부가의문문: Anh bận, phải(đúng) không
   2) 의문문: Chị có uống cà phê không
      부가의문문: Chị uống cà phê, đúng(phải) không

2 1) Có, em hạnh phúc
   2) Không, anh không bận

3 B) Không / không đi làm

Bài 06 p. 67

1 1) 당신의 이름은 무엇인가요
   2) Em có hai cốc

2 ② cái

3 A) uống gì
   B) uống cà phê đá

Bài 07 p. 75

1 ② 느끼다

2 1) Cà phê này thế nào
   2) Chị thấy thoải mái

3 A) học tiếng Việt thế nào
   B) Anh thấy tiếng Việt

Bài 08 p. 83

1 1) Ⓐ Không, anh ấy không cao lắm.
   2) Ⓒ Chị uống trà.

3) Ⓑ Em không biết.

② ② Bạn gặp người nào?

③ B) không ngon lắm

Bài 09   p. 91

① ① Anh đang đọc sách.

② 1) Anh đang ăn cơm và uống nước

2) Anh ấy đang học tiếng Anh và tiếng Việt

③ A) đang

B) đang / và

Bài 10   p. 99

① ③ 당신은 여행을 얼마나 오래 가요?

② 1) ③ sẽ

2) ① sẽ

③ A) trong bao lâu

B) 2 năm

Bài 11   p. 107

① ① 나는 베트남어 또는 영어를 공부할 계획이야.

② 1) Anh đi Đà Nẵng hoặc Nha Trang

2) Anh ấy định đi gặp bạn gái

③ A) định làm gì

B) định đi uống cà phê hoặc trà

Bài 12   p. 115

① ③ mấy

② 1) 7 giờ 20 phút

2) 6 giờ ạ

③ A) Bây giờ là mấy giờ

B) 10 giờ rưỡi

Bài 13   p. 123

① 1) 어릴 때 저는 책 읽는 것을 아주 좋아했어요

2) 밥 먹을 때 저는 보통 티비를 봐요

② 1) ① thứ hai

2) ② thứ bảy

③ A) Khi ăn cơm / làm gì

B) không nói chuyện

Bài 14   p. 131

① 1) ① Tôi vừa mới ăn cơm.

2) ① Cô ấy mới đọc xong cuốn sách.

② 1) Bạn đã uống thuốc chưa

2) Mẹ đã đi chợ chưa

③ A) đã làm bài tập chưa

B) vừa mới(vừa / mới) làm bài tập

Bài 15   p. 139

① 1) ⓒ Chưa, tôi chưa từng học tiếng Anh.

2) Ⓐ Anh muốn mua một cái bút.

3) Ⓑ Rồi, em đã từng gặp anh ấy.

② 1) Em muốn đi xem phim

2) Anh đã từng đi xem phim chưa

3) Chị(Anh) đã từng gọi đồ ăn qua app rồi

③ 1) Anh(Chị) muốn gọi đồ ăn qua app

2) Anh(Chị) đã từng gọi đồ ăn qua app chưa

Bài 16   p. 147

① ④, ①

2 1) Em sẽ đi chơi vào thứ bảy

2) Chúng tôi đi ăn vào sáng nay

3) Họ sẽ đi du lịch vào hôm nay

3 A, B) thường xuyên

Bài 17   p. 155

1 1) 당신은 그를 언제 만났어요

2) 당신은 언제 여행 갈 거예요

2 1) Có lẽ / đến muộn

2) đi Việt Nam

3 A) Khi nào em về quê

B) cuối tuần ạ

Bài 18   p. 163

1 1) Em sẽ đi du lịch Việt Nam trong mấy ngày

2) Chúng ta gặp vào ngày mấy

3) Em sẽ về vào ngày mấy

2 1) Em đã sống ở đây trong 2 năm

2) Chị định ở lại trong 5 ngày

3 A) trong mấy ngày

B) vào ngày 15 tháng 4

Bài 19   p. 171

1 1) ① có thể

2 1) Anh ấy không thể uống bia

2) Em có thể hát bài hát Việt Nam không

3) Chị có thể đi công tác Việt Nam

3 A) lái xe máy

B) không thể lái xe máy

Bài 20   p. 179

1 ① ở đâu, ở

2 ③ cách

3 ① Nhà tôi cách trường học khoảng 2km.

Bài 21   p. 187

1 A) đi đường nào

B) đi thẳng rồi rẽ phải

2 1) Em học rồi đi chơi

2) Bạn đi thẳng rồi rẽ trái

3) Anh ấy nghe nhạc rồi đi ngủ

3 1) đọc sách

2) đi thẳng / rẽ phải

Bài 22   p. 195

1 ② Em học ở trường.

2 1) Tôi học ở trường từ 9 giờ sáng

2) Từ nhà tôi đến trường mất 10 phút

3) Từ nhà đến bệnh viện không xa lắm

3 A) từ đây đến đó có xa không ạ

B) xa

Bài 23   p. 203

1 ① Cái này bao nhiêu tiền?

2 1) bao nhiêu tiền

2) cà phê bao nhiêu tiền

3) bao nhiêu tiền

3 A) Cái này bao nhiêu tiền

B) 20.000 / Các cái khác 10.000

Bài 24 　　　　　　　　　p. 211

1 ① Cho tôi một ly nước.

2 1) Đi chơi nhé

2) Ăn nhiều nhé

3) Giúp tôi nhé

3 A) đi ăn tối nhé

B) đi nhé

Bài 25 　　　　　　　　　p. 219

1 1) bị mắng

2) được

3) bị

4) được

2 1) Xe của anh ấy bị trộm

2) Cô ấy được khen ngợi

3) Đường bị tắc

4) Anh ấy được tặng một món quà

Bài 26 　　　　　　　　　p. 227

1 ① 나는 한국어를 책을 통해 배운다.

2 1) Chị làm việc bằng máy tính

2) Chị đi học bằng xe đạp

3) Chị cắt hoa quả bằng dao

3 1) Em nên về nhà sớm

2) Em nên học tiếng Việt

Bài 27 　　　　　　　　　p. 235

1 1) phải làm bài tập

2) phải đi làm sớm

2 1) 지금 바로 갈게

2) 출발했어

3) 집에 제시간에 와야 해요

3 A) phải

B) nộp ngay

Bài 28 　　　　　　　　　p. 243

1 1, 2, 3) để

2 1) Anh làm việc chăm chỉ nhưng mà không khoẻ mạnh

2) Chị thích pizza nhưng mà không thích gà rán

3 A) Việt Nam để làm gì

B) công tác nhưng mà phải đi

Bài 29 　　　　　　　　　p. 251

1 1) Mời anh ngồi

2) Mời chị uống nước

2 1) Em chỉ có một anh trai thôi

2) Chị chỉ muốn giúp em thôi

3 A) Mời / ăn cơm

Bài 30 　　　　　　　　　p. 259

1 1) Sao anh học tiếng Việt

2) Tại sao chị đến muộn

3) Vì sao anh quyết định như thế

2 ⓑ nên anh ấy nghỉ ngơi ở nhà.

ⓐ nên tôi giận.

ⓒ nên em bị ướt.

3 A) Sao

B) Vì

MEMO

MEMO

MEMO

북플레이트